Der Elch, der König der nordischen Wälder, ist ein sehr scheues Tier. Seine Größe ist vergleichbar mit der eines Pferdes, und das Fell ist borstig wie beim Wildschwein. Er ist im ganzen Land anzutreffen, vielerorts weisen Hinweisschilder an den Straßen auf seine Wildwechsel hin

vorhergehende Doppelseite:
An der südlichsten Spitze der Lofotengruppe liegt der kleine Fischerort Å. Aus Platzgründen wurden viele der traditionellen rotweißen Häuser, im Vordergrund ein Restaurant, im Uferbereich mit Stützpfählen errichtet. Die Berge im Hintergrund bilden einen natürlichen Schutzwall zum oft stürmischen Nordmeer

NORWEGEN

Gestaltung Umschlag vorne: Wolfgang Heinzel

Bildlegenden SW-Abbildungen: Verlag

Printed in Spain/EU
ISBN 3-7243-0329-7

Die Schwarzweiß-Abbildungen verdanken wir
der Zentralbibliothek Luzern,
der Schweizerischen Landesbibliothek und Lion's Art.

Bild vorhergehende und gegenüberliegende Seite:
Rentier und Elch, zwei tierische Wahrzeichen Norwegens

NORWEGEN

Schönster Norden der Welt

Udo Heß

Herzlich willkommen in Norwegen!

terra magica

Reich Verlag

Textinhalt

Land mit fünf Jahreszeiten

Norwegen, der westliche Teil der Skandinavischen Halbinsel, steigt langsam, aber stetig in der Beliebtheitsskala aller naturbegeisterten Urlauber. Trotz hohem technischen Standard in den Ballungszentren kann der Besucher nur wenige Kilometer weiter, in dem sonst dünn besiedelten Land, die Natur in ihrer ganzen Weite und Abgeschiedenheit erleben und noch voll genießen. Die starken klimatischen Gegensätze zwischen Südnorwegen und der Finnmark mit ihren Auswirkungen auf die Flora und Fauna machen eine Reise durch dieses Land zu einem unvergesslichen Erlebnis.

Mit faszinierenden Gegensätzen zeigt sich der kurze Frühling im Fjordland. Umrahmt von blühenden Obstbäumen und Wiesen im frischen Grün erheben sich die schneebedeckten Berge. Im Hochland schmilzt der Schnee nur in der Mittagssonne und die Passstraßen sind noch von hohen Schneewällen gesäumt. Mitten im Frühling, am 17. Mai, begehen die Norweger ihren Nationalfeiertag. Die Gebäude sind mit der Nationalflagge

Der Wolf ist bis auf ein paar Einzelgänger fast ganz aus Norwegens Wäldern und Bergen verschwunden, wie das norwegische Naturverwaltungsdirektorat Ende 1996 feststellen musste

geschmückt, und bunte Umzüge mit Musikkapellen ziehen durch die Städte.
Mit Überschreiten des Polarkreises begeben wir uns in eine Region, in der die Sommertage nicht enden wollen. Um ein Uhr nachts herrscht im hellen Sonnenlicht am Strand und auf den Terrassen der Restaurants noch südländische Atmosphäre.
Sommertage mit 30 Grad Celsius sind im südlichen Hochland keine Seltenheit. Und die Sandstrände südlich von Stavanger weisen an solchen Tagen kein freies Plätzchen mehr auf.
Im kristallklaren Wasser der Seen zeigt sich der Herbst ab September in atemberaubenden Kontrasten. Die leuchtenden Farben der Laubbäume in glühendem Gelb und feuerroten Schattierungen sind durchsetzt mit dem satten Grün der Nadelbäume. In keiner Jahreszeit strahlt das Holz der Stabkirchen und Blockhäuser so viel Wärme aus wie in den sonnigen Herbsttagen. Für ausgedehnte Wanderungen durch die farbenprächtige Landschaft eignen sich die Monate September und Oktober. Auch die Flüsse sind in dieser Zeit von vielen Anglern belebt.
Im Winter ist Norwegen ein Paradies für Langläufer. Oft zieht sich nur eine einsame Spur durch die endlose Weite des verschneiten Hochlandes. Abfahrtsspaß hingegen bieten die zahlreichen Alpinzentren im ganzen Land. Besonders beliebt für den Skisport ist die norwegische fünfte Jahreszeit, der «Frühlingswinter».
Die Wetterlage in Norwegen kann auf einer Distanz von wenigen Kilometern stark differieren und sich schnell verändern. Der hohe Bergrücken (Skanden), der das Land in ganzer Länge durchzieht, ist hierfür verantwortlich. Schlechtwettertage sind in Norwegen nicht selten, deshalb ist für eine Reise genügend Zeit einzuplanen. Die Menschen in Bergen, der Stadt an der Westküste mit den meisten Regentagen, genießen jeden Sonnenstrahl; die Regenjacke und das T-Shirt gehören deshalb zur Standardbekleidung vom Frühling bis zum Herbst.
Norwegen durchquerte ich kreuz und quer, von Lindesnes an der Südspitze bis zum Nordkap, und war dabei mehrmals für Wochen mit dem Wohnmobil, per Schiff und zu Fuß unterwegs, ich habe dabei insgesamt 28 000 Kilometer zurückgelegt. Es gibt kaum ein anderes Land in Europa, das eine solche Vielfalt an landschaftlichen Schönheiten, klimatischen Gegensätzen, kulturellen Sehenswürdigkeiten und Aktivitäten für den Besucher bietet. Norwegen ist immer und zu jeder Jahreszeit eine Reise wert.

21 340 Kilometer Küsten – und fast so groß wie Deutschland

Von der Skandinavischen Halbinsel nimmt Norwegen den Westteil ein und

hat eine Küstenlänge von rund 2650 Kilometern (mit Fjorden und Inseln rund 21 340 Kilometer). Norwegen ist im Süden vom Skagerrak, im Westen von der Nordsee und dem Europäischen Nordmeer und im Norden von der Barentssee umgeben. Mit einer Fläche von knapp 325 000 Quadratkilometern ist das Land annähernd so groß wie das vereinte Deutschland. Zu den arktischen Außengebieten zählen Spitzbergen und die Bäreninseln mit zusätzlich etwa 62 000 Quadratkilometern und Jan Mayen mit 380 Quadratkilometern. Weitere Inseln in norwegischem Besitz befinden sich im Südpolargebiet.

Die größte Ausdehnung in Südwest-Nordost-Richtung beträgt 1750 Kilometer und in West-Ost-Richtung bis zu 430 Kilometer, jedoch an der schmalsten Stelle nur knapp sieben Kilometer. Die Vorstellung von der Längenausdehnung des Landes kann man nur durch einen Vergleich verdeutlichen, denn von der südnorwegischen Stadt Kristiansand bis zur nordöstlichen Stadt Vardø ist die Entfernung gleich groß wie zwischen Kristiansand und Rom.

Der Polarkreis, der geographische Breitenkreis von 66,5 Grad nördlicher Breite, trennt die sogenannten «gemäßigten Zonen» von den «Polarzonen». Er verläuft nördlich der Kleinstadt Mo i Rana. Nördlich dieses Kreises scheint für einige Wochen im Sommer die Mitternachtssonne. Dafür gibt es im Winter zum Ausgleich die Polarnächte, wo für einige Wochen die Sonne nicht am Himmel erscheint und eine stete Dämmerung über den Nordregionen liegt.

Kein kalter Norden

Alaska und Norwegen liegen auf gleicher geographischer Breite, doch hat Norwegen ein weitaus milderes Klima. Es sind die Auswirkungen des warmen Golfstromes, der direkt an der Westküste vorbeiführt. Die Folge sind kühle Sommer zwischen 10 und 17 Grad Celsius und milde Winter zwischen minus 5 und plus 1 Grad Celsius (jeweils als Temperatur-Mittelwert). Ganzjährig ist mit hohen Niederschlagswerten zu rechnen. Auch die Inselgruppen der Lofoten und Vesterålen profitieren vom Golfstrom, denn obwohl diese Inselgruppen nördlich des Polarkreises liegen, herrscht auch in den Wintermonaten ein gemäßigtes Klima. Im Landesinneren hingegen hat der Golfstrom keinen Einfluss mehr. Das Klima hat eher einen kontinentalen Charakter, vergleichbar mit Schweden und Finnland.

Wenn die Tage heller und länger werden, dann zieht der Frühling ins Land. Während die felszerklüftete westnorwegische Fjordlandschaft sich in einen blühenden

Textfortsetzung Seite 25

Vier senkrecht stehende und nur grob bearbeitete Steinsäulen bilden den Mittelpunkt der großen Brunnenanlage im Park am Hafen von Kristiansand

unten links: *Der gepflegte und florareiche Ravnedalen-Naturpark am nordwestlichen Stadtrand von Kristiansand grenzt an eine 100 m hohe Felswand. Klettern Sie die 200 Stufen hoch und Sie haben einen herrlichen Ausblick über Stadt und Inseln*

unten rechts: *Beeindruckender Brunnen im Park an der Strandpromenade in Kristiansand*

Die Festung Christiansholm im Hafen von Kristiansand. Von König Christian IV. im 16. Jh. errichtet, dient die Festung als Museum, für Ausstellungen und zu festlichen Anlässen

unten: *Kristiansand, die Stadt mit den meisten Sonnentagen des Landes, misst dem Tourismus große Bedeutung zu und hat darum in der Nähe des Stadtzentrums (Kvadraturen) einen Gästehafen errichtet*

Der Leuchtturm an der südlichsten Stelle Norwegens, dem Kap Lindesnes, in den traditionellen weißroten Farben. Bestaunen Sie die altbewährte Leuchttechnik, die bereits über Jahrzehnte ihren Dienst tut

Autobrücke der E 18, südlich von Porsgrunn: herrlicher Ausblick auf den Langesundfjorden und das kleine Städtchen Brevik. Eine Schärenfahrt auf dem in den Hafen einlaufenden alten Segelschiff gilt bei Jung und Alt als besonderes Erlebnis

Die Kirche von Heddal, westlich der Stadt Notodden, ist die größte erhaltene Stabkirche Norwegens. Errichtet zwischen dem 11. und 12. Jh., wird sie ihrer Größe wegen auch als hölzerne Kathedrale bezeichnet

Im monumentalen Rathaus von Oslo, dem Wahrzeichen der Hauptstadt, findet alljährlich die feierliche Verleihung des Friedensnobelpreises statt

unten links: *Im Zentrum des Vigeland-Skulpturenparks in Oslo steht dieser über 20 m hohe Monolith. Er ist ein Meisterwerk der Darstellung von unzähligen ineinander verschlungenen Menschenkörpern, die den Lebenszyklus und die menschlichen Gefühle nachempfinden sollen*

unten rechts: *Beliebte Motive des Künstlers Vigeland für seine Skulpturen waren Kinder, die meistens als verschlungene Gruppe oder in lebensnahen Aktivitäten dargestellt sind*

Der Dreimaster «Christian Radich» läuft den Hafen von Oslo regelmäßig an. Der Anblick dieses großen Segelschiffes führt zu Reisefieber und weckt Ihr Fernweh

unten:
Ein Besuch des Osloer Vigeland-Parks lohnt sich, auch wenn die Sonne einmal nicht scheint. Verdecktes Sonnenlicht sorgt hier für einmalige Stimmung am Brunnen mit den Bronzefiguren. Und von den insgesamt 200 Vigeland-Statuen sind die auf der Mutter reitenden Kinder das beliebteste Fotomotiv im Park

nächste Doppelseite:
In Kongsberg, bekannt wegen der alten Silbergruben, donnert schäumend der Lagen, ein reißender Fluss, über unzählige Kaskaden mitten durch die Kleinstadt. Das fischreiche Gewässer zieht viele Angler aus nah und fern an

Im 11. und 12. Jh. entstanden in Norwegen 1000 meistens kleinere Stabkirchen. Die Kirche von Eidsburg, nördlich von Dalen, zählt zu den wenigen gut erhaltenen Stabkirchen des Landes

Zwischen Tonstad und Sirdal verläuft der Flusslauf der Sira. Die Breite des Flussbettes lässt erahnen, welche Wassermassen während der Schneeschmelze hier zu Tal rauschen. Teilweise wird der Verlauf des Flusses durch steile Felswände eingeengt. Der eingeklemmte Felsbrocken wurde vermutlich bei starker Strömung hierher geschwemmt. Und im Frühling, wenn der Blütenstaub auf die Wasseroberfläche fällt, entstehen durch die Strömung des Wassers interessante Muster

Schneefelder an den Nordhängen tauen auch in den Sommermonaten nicht ab und bieten im Herbst, wie hier im Fjell bei Odda, einen einmaligen Kontrast zur Landschaft

unten links: *Selbst Ende April noch säumen meterhohe Schneewände die Straße durch das Hochland zwischen Valle und Sirdal*

Viele Gebirgsflüsse führen im Herbst nur wenig Wasser, dann offenbart das Flussbett unzählige Felsbrocken. Die alte Steinbrücke von Tonstad war über Jahrzehnte eine der wenigen Flussüberführungen

unten:
Bei einer Fahrt von Tonstad nach Sirdal genießen Sie bildschöne und abwechslungsreiche Herbstlandschaften. Und über Jahrtausende hat sich ein Fluss in der Nähe von Sirdal seinen Weg durch das felsige Gestein gegraben und dabei diese tiefe Schlucht entstehen lassen

nächste Doppelseite:
Während in den Tälern und den Küstenregionen bereits der Frühling seinen Einzug gehalten hat, liegen hier im Hochfjell zwischen Valle und Sirdal die Temperaturen nur wenige Grade über Null, und dies bei strahlender Sonne. Wohnt hier ein Rentierjäger?

Viele der alten hölzernen Speicherhäuser, wie hier im südlichen Hochland bei Seljord, wurden renoviert und sind heute schmucke Ferienunterkünfte

Garten verwandelt, herrschen im Hochland und im Norden noch winterliche Temperaturen.

Frühlingswinter

Den sogenannten Frühlingswinter, der bis in den Mai dauert, nutzen die Norweger für ausgedehnte Skitouren im Hochland. Nur gegen Mittag, wenn die Sonne die größte Wärme abstrahlt, schmilzt dort der Schnee und das Eis. In dieser Zeit läuft im Hochland für die Flora der Wachstumswettlauf im Zeitraffertempo. Junge Birken inmitten von Schneefeldern zeigen hier den Einzug des Frühlings durch ein zartes hellgrünes Blattwerk an. Trotz seiner beschwingten Eleganz ist dieser Baum der winterhärteste der Welt.

Der Jahrhundertsommer 1994 zeigte sich auch in Südnorwegen mit Spitzenwerten um die 30 Grad Celsius – vom kühlen Norden kann da nicht die Rede sein. Die Stadt Mandal stand in puncto Badevergnügen den Metropolen am Mittelmeer in nichts nach. Bergtouren und ausgedehnte Ausflüge in die weiten Hochflächen *(Fjells)* der Bergregionen sind dann die einzige Möglichkeit, der Hitze zu entfliehen. Auch am Prekestolen (Predigerstuhl), einer 25 mal 25 Meter großen Felsplattform 600 Meter senkrecht oberhalb des Lysefjords, weht immer ein Wind, der nach dem Aufstieg die gewünschte Abkühlung bringt.

In den Herbstmonaten September und Oktober überwiegen die Sonnentage bei klarer, frischer Luft. In den höheren Lagen treten die ersten Nachtfröste auf und überziehen das Land mit Rauhreif, und auf den Seen bildet sich eine dünne Eisschicht. Der Morgen beginnt mit Nebel, der jedoch von der Sonne vertrieben wird. Ein Norwegenurlaub im Herbst bietet zusätzliche Aktivitäten wie zum Beispiel: Wanderungen, Bergsteigen, Angeln und Pilze sammeln.

Die Winter in Norwegen sind im Inland sehr kalt, bei klarer und meistens trockener Luft. In den unteren Lagen an der westlichen Küste kommt es durch den Einfluss des Golfstromes kaum zu Frostwerten. Die Häfen sind bis in den hohen Norden ganzjährig eisfrei und können von den Schiffen der Hurtigrute angelaufen werden.

Samen-Frau in historischer Kleidung. Nicht nur Wikingerabkömmlinge, sondern auch Samen (Lappen) leben seit Urzeiten in Nordnorwegen

Land der Berge, Gletscher und Gewässer

Norwegen verfügt über gewaltige Bergmassive, die sich überwiegend in Nord-Süd-Richtung durch das Land erstrecken. Mehr als die Hälfte der norwegischen Landesfläche liegt über 500 Meter, ein Viertel sogar über 1000 Meter Höhe. Die Hardangervidda ist mit einer Fläche von rund 9000 Quadratkilometern und einem Höhenniveau zwischen 1150 und 1700 Metern das größte Hochplateau des Landes. Fast ähnlich groß ist die Finnmarksvidda im hohen Norden (südlich von Alta), jedoch ist das Niveau hier deutlich niedriger und liegt zwischen 600 und 800 Höhenmetern.

Ein Viertel Norwegens liegt über 1000 Meter

In den Bezirken Oppdal und Sogn og Fjordane liegt der Jotunheimen, das höchste Gebirgsmassiv Norwegens mit einer Vielzahl von Bergen über der 2000-Meter-Marke. Auch die höchsten Berge des Landes, der 2469 Meter hohe Galdhøpiggen und der 2465 Meter hohe Glittertind befinden sich im Jotunheimen. Das «ewige Eis» in Form von Gletschern umgibt diese Bergriesen. Die gesamte Gebirgsregion ist Bestandteil des 1140 Quadratkilometer großen Jotunheimen-Nationalparks. Auch die weiteren Gebirgsmassive wie das Dovrefjell mit dem 2286 Meter hohen Snøhetta und der Rondane können mit Bergen über der 2000-Meter-Marke aufwarten.

Zwei Berge südlich von Åndalsnes, der Trolltindane mit Europas höchster (ca. 1000 Meter) senkrechter Felswand und das Romsdalshorn, sind Anziehungspunkte für Bergsteiger aus aller Welt. Nur etwa 15 Kilometer von Brønnøysund entfernt macht der Berg Torghatten besonders auf sich aufmerksam. In der Mitte des Berges befindet sich ein 160 Meter langes durchgängiges, natürliches Loch mit einer Breite von 20 und einer Höhe von 35 Metern. Der Blick durch den Berg ist hier besonders reizvoll bei tief stehender Sonne. Im Bezirk Troms, südlich von Skibotn, trifft man an der E8/E6 auf den 1360 Meter hohen Berg Otertind, der aufgrund seiner vergleichbaren Form als das «Nordische Matterhorn» bezeichnet wird. Die einmalige Formation von unzähligen spitzen Bergen, viele über 1000 Meter hoch, gaben der Insel Spitzbergen ihren Namen. Der Newtontoppen mit einer Höhe von 1712 Metern ist der höchste Berg dieser Inselgruppe. Auch auf der Insel Jan Mayen markiert der 2277 Meter hohe Beerenberg mit seinem Gletscher das Landschaftsbild des nördlichen Inselteils.

Die norwegische Gebirgswelt bietet reichlich Gelegenheit, felsige Gipfel und unberührte Gletscher zu erleben. Herausforderungen findet man in allen Schwierigkeitsgraden. Einfachere Bergtouren kann

man fast überall im Land machen, größere und schwierigere Bergtouren sollten nur mit guter Ausrüstung und mit Bergführer durchgeführt werden. In Südnorwegen bieten sich in erster Linie Jotunheimen, Breheimen, Rondane und Dovrefjell sowie einige der westnorwegischen Gebirgszüge dafür an. Im Norden locken die Berge der Lofoten und Lyngenalpen mit vielen beschilderten Touren in allen möglichen Schwierigkeitsgraden. Gletscherwanderungen mit Führer werden vor allem im Gebiet Jotunheimen, auf dem Jostedalsbreen, am Folgefonna und am Svartisen durchgeführt.

Bergwandern und Sommerskifahren

Bergwandern im Fjell, also oberhalb der Waldgrenze, ist in Norwegen vielerorts möglich. Ein dichtes Netz von Berghütten und markierten Wanderwegen erschließt die interessantesten Gebirgsregionen aller Landesteile. Der Abstand der Hütten ist in der Regel so angelegt, dass man innerhalb eines Tagesmarsches (normale Anforderung) von Hütte zu Hütte gelangt. Auf diese Weise ist es möglich, große Teile Norwegens zu Fuß zu durchwandern. Eine etwas größere Anforderung stellt die Durchquerung der Hardangervidda an den Bergwanderer. Die Naturliebhaber kommen bei diesen Touren auf ihre Kosten, denn unberührte Landschaften mit unzähligen Bergen und Tälern gilt es zu bewältigen.

Zur Freude der Skiläufer sind die südnorwegischen Gebirge bis in den Mai schneesicher, weiter im Norden schmilzt die weiße Pracht erst Wochen später. Auf dem Fjellheisen/Fjellstua oberhalb von Tromsø kann auch im Sommer noch Ski gefahren werden. Ein bedeutendes Wintersportereignis ist das internationale Holmenkollen-Skifestival in Oslo, das jedes Jahr Sportler aller Altersstufen anlockt. Über die Geschichte des Skis, der in Norwegen erfunden wurde, kann man sich im Skimuseum am Holmenkollen informieren. In der Telemark, der Wiege des Skisports, werden jedes Jahr viele hundert Kilometer lange Loipen für die Langläufer gespurt.

Schlittenhunde

Viele Höhlen und Grotten wurden erst in den letzten Jahrzehnten entdeckt. Höhlen kommen überwiegend in

Kalksteinformationen vor, die im Bezirk Nordland anzutreffen sind. Die Gegend um Mo i Rana ist ein Gebiet mit zahlreichen Grotten und Höhlen. Hier befinden sich auch zwei bekannte Grotten, die Sætergrotta und die Grønligrotta, welche mit 600 Metern die tiefste Höhle Nordeuropas ist. Die Grønligrotta wurde vermutlich bereits schon vor der ersten Besiedlung von Grønlia gegen 1750 entdeckt. Erst im Jahr 1914 wurde die erste Kartierung der Höhle vorgenommen. Spätere Forschungen haben allerdings ergeben, dass die Höhle noch größere Ausmaße hat, als ursprünglich angenommen. Heute geht man von einer Höhlenlänge von über 2000 Metern aus, wobei der Rundgang nur etwa 400 Meter beträgt.

Marmorhöhlen eine halbe Milliarde Jahre alt

Während die Grønligrotta leicht zugänglich und beleuchtet ist, kann die Sætergrotta (die «Sportliche Grotte») nur mit Helm, Lampe und Schutzkleidung besichtigt werden. In beiden Grotten gibt es schmale und steile Passagen, riesige Spalten, hohe Hallen, kesselförmige Strudeltöpfe, unterirdische Flüsse und Bäche, weiße Marmorwände und beeindruckende Tropfsteinbildungen.

Das Gestein im Bereich der Höhlen dürfte etwa vier- bis fünfhundert Millionen Jahre alt sein. Es wurde während der kaledonischen Gebirgsbildungsphase gefaltet, verformt und zusammengepresst. Unter hohem Druck und bei hohen Temperaturen wurde der ursprünglich hier vorhandene Kalkstein zu Marmor und die darüber liegenden Gesteinsschichten zu Glimmerschiefer umgeformt. Dieser bildet heute das Dach über solchen Höhlengängen, in denen der Marmor darunter durch mineralhaltiges Wasser gelöst und ausgewaschen wurde. Als Folge der kaledonischen Gebirgsfaltung weisen alle Gesteinsschichten einen Neigungswinkel von zirka 20 Grad auf.
Im Gegensatz zu den Grotten im Inneren des Landes, die durch unterirdische Flüsse entstanden, sind die Höhlen an der Küste durch die Meeresbrandung über Jahrhunderte ausgewaschen worden.

Gletscherparadies Norwegen

Die Ursache für die Gletscher findet man weit draußen im Atlantik, in zahllosen Tiefdruck- und Niederschlagsgebieten, die ihren Kurs wellenartig auf Westnorwegen nehmen. In manchen Jahren fallen 10 bis 15 Meter Schnee, der sich aufhäuft und aufgrund seines Eigengewichtes und hohen Drucks stetig zu Glet-

schereis gepresst wird. Trotz großer Dichte und Härte befindet sich das Gletschereis in einer ständigen Fließbewegung, und die Schwerkraft zieht sozusagen das Eis über die Bergkanten in die Täler, wobei sich die Gletscherarme bilden.
Die Gletscher verändern von Jahr zu Jahr ihr Aussehen. Bei warmen, durchschnittlichen Jahrestemperaturen geht das Eis zurück, hingegen in kalten und schneereichen Wintern wächst die Eisschicht, und der Gletscher nimmt zu.
Ursache für die charakteristische Formation der Gletscher-Randspalten sind die unterschiedlichen Fließgeschwindigkeiten, die zwischen der Mitte und den Randzonen des Gletschers bestehen. Je fester und härter das Eis des Gletschers ist, umso stärker ist bei Sonnenschein die Blaufärbung des Eises, die besonders in den Spalten gut sichtbar ist. Die blaue Farbe entsteht, weil das Eis nur kurze, streufähige Wellen durchlässt und den langwelligen Anteil (rot und gelb) des Lichtes absorbiert.
Die bekanntesten und größten Gletscher Norwegens befinden sich in Mittelnorwegen. Eine kleine Auswahl der Gletscher und ihre bekannten Nebenarme sollen hier vorgestellt werden.

Bärenjagd im 19. Jh.

Folgefonna-Gletscher

Der Folgefonna-Gletscher ist der drittgrößte Gletscher Norwegens. Er hat eine Länge von 37 Kilometern, seine breiteste Stelle misst zirka 16 Kilometer, und das Eis ist bis zu 170 Meter dick. Die Zufahrt beginnt südlich von Odda auf der Westseite des Sees Sandvinvatnet und führt durch das Tal Buardalen bis zur Ortschaft Buar. Von hier gelangt man über einen gut angelegten Fußweg bis an den Buar-Gletscher. Von Westen erreicht man das Gletschergebiet von der Ortschaft Sunndal am Maurangerfjord über eine kleine Straße durch das Bondhusdalen zum Bondhus-Gletscher. Der Buar- und Bondhus-Gletscher sind die bekanntesten Gletscherarme des Folgefonna. Ein weiterer Zugang zum Gletscher führt über eine gut ausgebaute Straße von Jondal am Hardangerfjord über das Krossdalen ins Folgefonna-Skizentrum. In diesem einmaligen Skigebiet auf etwa 1600 Meter Höhe kann man auch im Sommer seinem Vergnügen nachgehen.

Jostedalsbreen, Europas größter Gletscher

Der größte Gletscher auf dem europäischen Festland, der Jostedalsbreen, ist ein Hochplateau-Gletscher mit einer Fläche von 800 Quadratkilometern. Der Jostedalsbreen zeigt eine Landschaft mit magischer Ausstrahlung, still und Furcht einflößend zugleich. Dort, wo er die Berghänge hinabgleitet und seine blau schimmernden Arme aus der Urzeit ins Tal erstreckt, hat der Gletscher etwas Faszinierendes, Anziehendes, aber auch etwas Erschreckendes an sich.

Am Bøyabreen, dem südlichsten Seitenarm des Jostedalsbreen, kann man etwas von dem Naturschauspiel erahnen, als das Eis in einer dicken Schicht noch das ganze Land bedeckte und sich mit demselben «Grollen» und «Knirschen» zurückzog, wie wir es heute hören, wenn der Gletscher «kalbt» oder wenn sich an den Flanken Felsgestein löst und niederprasselt.

Klimaveränderungen haben immer schon dazu beigetragen, dass sich Größe und Ausdehnung eines Gletschers veränderten. Im 17. Jahrhundert nahm der Jostedalsbreen enorm zu, und mehrere Gletscherarme wuchsen in jedem Jahr hunderte von Metern und zerstörten dabei ganze Bauernhöfe. Auch heute wächst der Gletscher wieder, jedoch nicht so dramatisch wie im 17. Jahrhundert.

Der Nigardsbreen, ein Gletscherarm des Jostedalsbreen, ist von Süden über Gaupne am Lustrafjord zu erreichen. Nach knapp 30 Kilometern Fahrt durch das schöne Jostedalen erreicht man den kleinen Ort Nigard mit der Zufahrt zum Gletschersee. Von hier führt ein gut präparierter Fußweg (festes Schuhwerk ist jedoch zu empfehlen) direkt zum Fuße des Nigardsbreen.

Im letzten Teil führt der Zugang über blank poliertes Felsgestein, was darauf hindeutet, dass der Gletscher in früheren Jahren bis zum Gletschersee gereicht haben muss. Warme Sommer und schneearme Winter haben wohl dazu beigetragen, dass sich der Gletscherarm um einige hundert Meter zurückzog.

Der Briksdalsbreen, der bekannteste Gletscherarm des Jostedalsbreen, ist von Norden über Olden zu erreichen. Bei der Fahrt durch das schmale Olddalen führt die Strasse direkt am See Oldenvåtnet entlang. Der Gletscher, den man bereits von hier sieht, ist der Melkevollbreen,

In vorchristlicher Zeit: Anrufung der Götter vor dem Kampf

ein weiterer Gletscherarm des Jostedalsbreen. Ist man am Ende des Tales angelangt, ist linker Hand auch der Briksdalsbreen zu sehen. Es bedarf aber noch eines Fußmarsches von einer Stunde, um zur Abrisskante des Gletschers zu gelangen.

Bequemer kommt man ans Ziel, wenn man eine der vielen Pferdekutschen mietet. Bevor der Gletscher jedoch erreicht wird, ist auch die letzte Etappe zu Fuß über eine holprige Wegstrecke zu bewältigen. Oben angekommen, eröffnet sich ein phantastischer Ausblick auf den Briksdalsbreen und den kleinen Gletschersee davor. Auch hier zeigen die blank polierten Felsen, dass der Gletscher in früheren Jahren viel mächtiger war und viel weiter ins Tal hinunter reichte. Der blanke Felsen erwärmt sich bei Sonneneinstrahlung und lädt so zu einem Sonnenbad ein. Mit etwas Glück kann aus sicherer Entfernung das «Kalben» des Gletschers oder das Abbrechen von Eisplatten am oberen Gletscherrand beobachtet werden.

Das Gletscherzentrum im Jostedal widmet sich in einer Ausstellung dem Gletscher als Naturphänomen. Themen sind das besondere ökologische Zusammenspiel in den gletschernahen Gebieten, wie sich der Mensch dem Gletscher angepasst und wie er ihn genutzt hat.

Das norwegische Gletscherzentrum in Fjarland zeigt ein Gletschermodell, das man von innen erkunden kann, sowie eine dreidimensionale Filmreise über den Jostedalsbreen.

Der Svartisen-Gletscher wächst seit 1970 wieder

Im südlichen Nordland, nördlich von Mo i Rana, befindet sich Norwegens zweitgrößter Gletscher. Der Svartisen-Gletscher mit seinen 370 Quadratkilometern Eisfläche wird durch einen schmalen Bergrücken (Glomdalen) in einen westlichen und einen östlichen Bereich aufgeteilt. Der westliche Teil reicht nahe an den Holandsfjord heran und endet auf einer Höhe von 20 Metern über dem Meeresspiegel. Dies macht ihn zum niedrigstgelegenen Gletscher Europas. Auch dieser Gletscher veränderte immer wieder sein Aussehen. War er über viele Jahrzehnte um mehr als zwei Kilometer geschrumpft, so ist er seit 1970 um fast 100 Meter gewachsen, und dies trotz warmer Sommer. In der Nähe des Ortes Glomfjord führt eine Drahtseilbahn und eine aus 1100 Stufen bestehende Treppe bis zum Fuße des Svartisen-Gletschers.

Eine Gletscherwanderung sollte mit einer guten Ausrüstung und geeignetem Schuhwerk sowie nur in Begleitung eines erfahrenen Führers gemacht werden. Nur so wird ein Ausflug ins «ewige Eis» zu einem besonderen Erlebnis.

Aus den Schmelzwasserseen können Sie getrost trinken

Die Seen in Norwegen entstanden während der letzten Eiszeit vor rund 10 000 Jahren, wobei das zurückgehende Gletschereis im Landesinneren unterschiedlich tiefe u-förmige Täler hinterließ, die sich mit Schmelzwasser füllten. Auch heute noch werden die Seen überwiegend vom Schmelzwasser der Gletscher gespeist. Der Hornindalssee im Bezirk Oppdal ist mit 574 Metern Europas tiefster Binnensee.

Wegen ihrer Reinheit können fast alle Schmelzwasserseen für die Trinkwasserversorgung genutzt werden. Die auf den Hochplateaus gelegenen Seen werden auch für die Stromerzeugung genutzt. Um die Wassermenge zu erhöhen, wurden teilweise mehrere kleinere Seen miteinander verbunden. Über Fallrohre wird das Wasser dann zu den Kraftwerken in die Fjord- oder Talsohle geführt.

Der Mjøsasee bei Lillehammer, Norwegens größter Binnensee, lockt Geologen und Liebhaber alter Schiffe gleichermaßen an. Für Geologen ist der etwa 100 Kilometer lange See deshalb von großer Bedeutung, weil er das nördlichste Ende einer Grabenzone darstellt, die sich durch Europa bis zum Mittelmeer erstreckt. Freunde alter Technik können sich an dem im Jahr 1857 erbauten Schaufelraddampfer *Skibladner*, der als fahrendes Museumsschiff seinen Dienst leistet, erfreuen.

In Norwegen gibt es viele hunderttausend Seen, davon tragen unzählige der kleineren keinen Namen. Große Seen im südlichen Norwegen sind der Tyrifjorden westlich von Oslo und der Blasjoen nordöstlich von Stavanger. In der nördlichen Hedmark liegt der Femundsee und im Bezirk Nord-Trøndelag, nördlich von Steinkjer, der Snåsavatn und weiter nördlich an der schwedischen Grenze die Seen Tunnsjøen, Limingen und östlich von Mosjøen der Røssvatn. Im Norden des Landes, ungefähr 50 Kilometer südöstlich von Alta, liegt der Jiesjjavrresee. Die größeren Seen sind sehr fischreich; und wenn sie eine Verbindung zum Meer haben, kommen auch Lachse vor, die nach Erwerb eines Angelscheins mit Rute oder Handleine geangelt werden dürfen.

Mit dem Faltboot oder Kanu ruhig auf einem See dahinzugleiten, ist für viele ein unvergessliches Naturerlebnis, denn aus dieser neuen Perspektive erhält man beeindruckende Bilder von der Umgebung. In vielen Orten

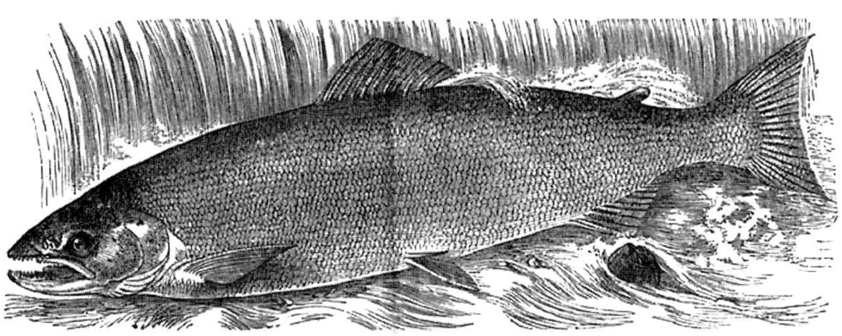

Unvergleichlich schmeckt ein im Fluss geangelter Wildlachs

an den Seen können Kanus gemietet werden. Die Gewässer um den Femundsee gehören seit Jahren zu den beliebtesten Paddelgebieten Südnorwegens.

Anglerparadies Norwegen mit 240 Lachsflüssen

Längster Fluss Norwegens ist die Glåma/Glomma mit fast 600 Kilometer Länge. Er entspringt dem See Aursunden im Bezirk Trøndelag, etwa 80 Kilometer südöstlich von Trondheim. Der obere Flusslauf, der den Namen Glåma trägt, wird nach dem Zufluss der Vorma, die aus dem Mjøsasee kommt, Glomma genannt. Die Glomma, die hier teilweise über 50 Meter breit ist, durchquert den See Øyeren und mündet schließlich bei Fredrikstad in den Oslofjord. Die Glåma nördlich von Kongsvinger ist bekannt für ihren großen Bestand an Süßwasserfischen wie Hecht, Brasse, Felchen und Aal. In Norwegen fließen insgesamt 240 Lachsflüsse, wovon die ertragreichsten im Fjordland zwischen Egersund und Kristiansund liegen. Der Bezirk Møre og Romsdal zählt insgesamt 62 Lachsflüsse, die Finnmark 56, Trøndelag 35, Sogn og Fjordane 25, Hordaland 21, Nordland 19 und Rogaland 14. Die Bestimmungen betreffend Schon- und Fangzeiten, Angelausrüstung sowie Angelkarte *(Fiskekort)* sollten jeweils vor Ort erfragt werden, da sie sehr unterschiedlich gehandhabt werden.

Eindrucksvolle Wasserfälle *(Fossen)* kennzeichnen viele Flüsse. Der Laksfossen am Vefsnafluss südlich von Mosjøen beispielsweise bietet ein überwältigendes Schauspiel, wenn auf einer Breite von 30 Metern riesige Wassermassen donnernd und schäumend die felsige Kaskade passieren.

Wenn Sie die wilden norwegischen Gebirgsflüsse einmal hautnah erleben möchten, dann sollten Sie unbedingt eine Rafting-Tour mit großen Schlauchbooten ausprobieren. Die Stromschnellen und engen Passagen des Sjoaflusses bei Otta in Oppland bieten sich hier besonders an.

Samen-Schlitten. Nicht nur in Nordnorwegen, sondern auch am Femundsee leben seit jeher Samen

Fjorde

In der letzten Eiszeit lag das Eis wie eine bis zu 2000 Meter dicke Kappe über ganz Skandinavien. Durch das Gewicht des Eises wurden die untersten Schichten sehr stark zusammengepresst und erhielten dadurch eine große Härte. Als die Temperaturen wieder anstiegen, fing auch das Eis im unteren Bereich an zu schmelzen und glitt so langsam vom Landesinneren zu den Landrändern hin. Unter dem Eis befanden sich Steine und Geröll, die bei der Wanderung mitgeführt wurden und – ähnlich wie Sandpapier – auf die Felsschichten einwirkten. Das weichere Gestein wurde dabei stärker ausgeschliffen und die bereits vorhandenen Rinnen vertieften sich.

Dadurch verlagerte sich das Eis in den oberen Schichten, sodass die Eisschichten im Rinnenbereich immer mächtiger und schwerer wurden. Die Schleifwirkung erhöhte sich somit am Rinnengrund, wohingegen sie am Rinnenrand abnahm. So entstand ein mächtiges Gletschertal mit unterschiedlichen Breiten und Tiefen. Das vorausgeschobene Geröll und Gestein lagerte sich als Endmoräne in den Mündungsbereichen ab.

Durch steigende Temperaturen ging das Gletschereis zurück, und riesige Wassermassen stürzten ins Meer und rissen dabei das mitgeführte Gestein und Geröll mit. Gleichzeitig stieg das Land, im Landesinneren mehr als an der Küste, weil sich die Eislast verringerte. Mit Abnahme des Gletschers füllte sich nun der so entstandene Fjord mit Meerwasser.

Die norwegische Festlandküste verlängert sich aufgrund der zahlreichen Fjorde auf über 21 000 Kilometer, das entspricht mehr als der Hälfte des Erdumfangs! Hunderte von Fjorden in den unterschiedlichsten Ausmaßen zergliedern die norwegische Küste, einige der bekanntesten und geschichtsträchtigsten sollen in diesem Kapitel vorgestellt werden.

Oslofjord, der Geschichtsträchtige

Die Stadt Oslo am Ende des rund 100 Kilometer langen Oslofjords gab diesem geschichtsträchtigen Fjord seinen Namen. Schon im 8. Jahrhundert lässt sich eine Siedlung am Ende des Oslofjords nachweisen. Dieses Dorf entwickelte sich während der norwegischen Wikingerzeit kräftig. Die waldreiche Fjordebene lieferte das Baumaterial für den Schiffsbau, und die fruchtbaren Küstenbereiche eigneten sich hervorragend für die Landwirtschaft und Viehzucht. Im gesamten Fjordgebiet mit seinen unzähligen Inseln und versteckten Buchten fanden sich geschützte Zufluchtsorte für zirka ein Dutzend Wikingersiedlungen, die größte davon war das heutige Oslo. Aus jener Zeit stammen auch die ausgegrabenen

Wikingerschiff

Wikingerschiffe von Fredrikstad, Sandefjord und Tønsberg, die im Wikingerschiff-Museum ausgestellt sind.
Die eigentliche Gründung Oslos erfolgte erst um 1050; es entwickelte sich jedoch rasch und wurde 1299 Reichshauptstadt. Oslo hat eine interessante, spannende und dramatische Geschichte. So wurde die Stadt 1348 vom «schwarzen Tod» (Pest) heimgesucht, dabei reduzierte sich die Bevölkerung um über die Hälfte. Diese Epidemie hatte auch politische Folgen für Norwegen, denn das Land sackte auf den Status einer dänischen Provinz herab. Die Stadt wurde stark von der lutherischen Reformation in den Jahren um 1537 geprägt. Nach einem Stadtbrand im Jahr 1624 wurde Oslo völlig zerstört. Der Renaissancekönig Christian IV. von Dänemark und Norwegen führte damals, im Bereich der heutigen Altstadt, eine Umsiedlung der Einwohner durch und ließ die Häuser im Schutze der Festung Akershus wieder aufbauen. Dreihundert Jahre lang trug dann die Stadt den Namen Christiania, welcher erst ab 1925 wieder in Oslo umgewandelt wurde.
Im Großraum Oslo wohnen heute mit 850 000 Einwohnern etwa ein Fünftel der Gesamtbevölkerung des Landes. Aus den ursprünglichen Wikingersiedlungen entwickelten sich mittlere Kleinstädte wie Sandefjord, Tønsberg, Horten, Drammen, Moss, Sarpsborg und Fredrikstad. Wobei Tønsberg, die älteste Stadt Norwegens, bereits 871 gegründet wurde.

Lysefjord, Perle der norwegischen Natur

Der 40 Kilometer lange Lysefjord ist ein schmaler Seitenarm des Boknafjordsystems, das östlich von Stavanger liegt. Er verläuft in Ost-West-Richtung, eingeschnitten zwischen hohen, teils senkrecht abfallenden Bergen, und gilt als Perle und Klassiker der norwegischen Natur: ein imponierender «Felsgraben», entstanden durch Gletscher und Flüsse in Millionen von Jahren. Die höchsten Teile der Hochebene auf beiden Fjordseiten sind Überbleibsel eines viele hundert Millionen Jahre alten, durchgängigen Küstenhochplateaus. Die Tiefen des Fjordes variieren zwischen 457 Metern in der Fjordmitte und nur 15 Metern an der Fjordmündung; die Breiten des Fjordes sind mit rund 1500 Metern im Mittelteil und an der schmalsten Stelle, wenige Kilometer vor der Mündung, mit nur etwa 300 Metern angegeben.

In früheren Zeiten vollzog sich der Verkehr auf dem Lysefjord nur mit Hilfe von kleinen Booten, die anfangs gerudert und später mit Segeln ausgestattet wurden. Aber nicht nur die Bewohner entlang des Lysefjords nutzten den Wasserweg als wichtige Verbindung, auch die Einwohner aus dem Setesdal und Sirdal zogen zunächst über das Fjell nach Lysebotn und reisten dann über den Fjord weiter nach Stavanger. Zwei Ruderer mit je zwei Ruderblättern benötigten für die rund 80 Kilometer lange Strecke von Lysebotn bis Stavanger etwa zwölf Stunden.

250 alte Häuser ausgegraben

Wo Hogsfjord und Lysefjord aufeinander treffen, hat der frühere Lysegletscher eine Endmoräne abgelagert. Auf den Landzungen, die aus Sand und Schotter bestehen, liegen die Ortschaften Oanes und Forsand. Die Kommune Forsand erreichte einen internationalen Bekanntheitsgrad, nachdem auf Forsandmoen in den Jahren von 1980 bis 1990 die flächenmäßig umfassendsten archäologischen Ausgrabungen stattfanden. Die Ausgrabung von Überresten von rund 250 Häusern ergab, dass über einen Zeitraum von über zweitausend Jahren (bis ca. 600 n. Chr.) auf Forsandmoen gesiedelt wurde. Viele der interessanten Fundstücke sind in einer Ausstellung im Kulturhaus von Forsand zu sehen.

Die einmaligen Felsplattformen Hengjane-Nibba und der Prekestolen, die auf der Fjordnordseite senkrecht in den Himmel ragen, sorgten in den letzten Jahren für einen großen Touristenzustrom. Bei beiden Felsplateaus von nur 25 mal 25 Meter Grundfläche fallen drei Seiten lotrecht zum Fjord ab. Der Felsvorsprung Hengjane-Nibba war schon früh bei den

Fjordbesuchern wegen seiner aufregenden Felsformation bekannt. Bereits für die Aufstiegstour benötigt man gute Nerven; unter Kennern gilt diese Plattform als die interessantere von beiden. Der Prekestolen (Predigerstuhl oder Kanzel) mit einer Höhe von 600 Metern wurde erst um 1900 entdeckt.

Der Touristenstrom erhöhte sich ab 1949 mit dem Bau der Prekestolen-Hütte und ab 1961 nochmals mit dem Bau der Zufahrtsstraße. Der Aufstieg führt über sieben Kilometer auf gut ausgebautem Weg durch hügeliges Gelände. Da man für die leichte Tour nur noch etwa vier Stunden benötigt, lief dieser markante Felsen seinem Nachbarn, dem Hengjane-Nibba, den Rang ab. In der Hauptsaison zieht es viele Besucher aus nah und fern auf diese Plateaus; einerseits um den Nervenkitzel zu verspüren, wenn man direkt am Rand steht, und andererseits wegen der einmaligen Aussicht über die imposante Fjordlandschaft.

Die zwei Kraftwerke von Lysebotn und Floyrli versorgen die Gemeinden am Fjord und die Stadt Stavanger mit Strom. In jeweils sechs Stauseen auf dem südlichen Hochplateau wird das notwendige Wasser gesammelt und über Fallleitungen von ungefähr 700 Meter Höhe zu den Kraftwerken im Fjordtal geleitet. In Floyrli wurde neben den Fallleitungen eine Holztreppe mit 4000 Stufen errichtet. Leider ist diese längste Treppe Europas für Besucher gesperrt. Bei Lysebotn am Ende des Fjords schlängelt sich die Straße nach Sirdal in 27 Haarnadelkurven auf das 950 Meter hohe Hochplateau. Die Serpentinenstraße, die 1984 im Zusammenhang mit dem Kraftwerksbau errichtet wurde, ist heute ein touristischer Anziehungspunkt und Ausgang für viele Wandertouren in das Hochfjell mit dem 1084 Meter hohen Kjerak.

Vom Hardangerfjord zur Hardangervidda hinauf

Im Bezirk Hordaland gibt es viele Fjorde, ein jeder von ihnen mit eigenem Charakter und Charme. Der Hardangerfjord erstreckt sich fast 180 Kilometer von der Küste bis ins Landesinnere und ist seit langen Zeiten ein beliebtes Reiseziel für Touristen aus aller Welt. Alle Besucher lassen sich von den Kontrasten des Hardangerfjords faszinieren, von der Wildheit mächtiger Wasserfälle und imposanter Glet-

Norwegische Faunastudien von 1996 zeigen, dass sich der Vielfraß-Bestand in den letzten Jahren leicht erholt hat. Dieser Marder sieht bärenähnlich aus und hieß in Norwegen auch Bergkater

scher ebenso wie von den grünen, fruchtbaren Talhängen und schmalen Uferbereichen. Im Mai und Juni stehen Norwegens Obstgärten mit hunderttausenden von Obstbäumen in voller Blüte und im Herbst ist der «Obstkorb der Natur» mit einer reichen Ernte gesegnet.

Oberhalb des Fjords erstreckt sich Europas größtes Hochgebirgsplateau: die einmalige Hardangervidda.

In frühgeschichtlicher Zeit waren die riesigen Eismassen dieses Hochlandes verantwortlich für die Entstehung des Hardangerfjords. Ihre Überbleibsel sind in den Gletschern Folgefonna und Hardangerjøkulen zu sehen. In der heutigen Hardangervidda, dem «Reich der 15 000 wilden Rentiere», gibt es ein Netz von Hütten und Berggasthöfen, die als willkommene Anlaufstellen der Fjellwanderer gefragt sind.

Der Hardangerfjord verzweigt sich in mehrere Arme, und in jedem dieser Fjordarme trifft der Besucher auf kleine, idyllische Orte mit jeweils besonderen Sehenswürdigkeiten. Am Hardangerfjord wird die vielseitige kulturelle Tradition nachhaltig gepflegt, wie beispielsweise das Musizieren auf der reich verzierten Hardangerfidel (Norwegens Nationalinstrument) oder das Tragen von Trachten bei öffentlichen Anlässen.

Die Schönheit des Hardangerfjords ist und war für viele große norwegische Künstler eine Quelle der Inspiration, wie zum Beispiel für den Komponisten Edvard Grieg und für die Maler Adolph Tidemand und Hans Gude.

Sognefjord, Fjordnorwegens Mitte

Fjordnorwegen, bestehend aus den Bezirken Rogaland, Hordaland, Sogn og Fjordane und Møre og Romsdal, erhielt seinen Namen aufgrund der unzähligen Fjorde, die das Land durchziehen und das einmalige Landschaftsbild dieser Region prägen. In der Mitte dieses Fjordlandes liegt der Sognefjord. Mit seinen Nebenfjorden erreicht er eine Länge von über 180 Kilometern und ist damit der längste Fjord Norwegens. Die angrenzenden Berge sind nicht einmal so hoch wie seine tiefste Stelle von gut 1300 Metern.

In frühgeschichtlicher Zeit waren die riesigen Eismassen von Stölsheimen, Breheimen und Jotunheimen verantwortlich für die Formgebung des mächtigen Sognefjords. Die Reste dieser ehemals gewaltigen Eismassen sind in den Gletschern Fresvikbreen, Spörteggbreen, Harbardsbreen und Jostedalsbreen zu sehen.

Fjordufer und Berghänge lassen oft nur wenig freie Fläche für die Bebauung zu. Viele Orte sind deshalb terrassenförmig an den Berghängen angelegt. Die Straßen, die an den Fjordufern entlangführen, sind vielfach in den Fels gehauen oder

Bild Seite 41: *In der geschäftigen Industriestadt und Erdölmetropole Stavanger bietet der Stadtsee, der Breivatnet, eine Oase der Ruhe*

müssen durch Tunnels geführt werden. Da sie der Uferlinie folgen, verlängert sich zwangsläufig die Fahrtstrecke, was die grossen Distanzangaben zwischen den Orten in den Prospekten und Landkarten erklärt. Mehrere Fährverbindungen sorgen dafür, dass man den Sognefjord überqueren kann.

Die kostenpflichtigen Fähren an den Hauptverbindungsstraßen in Nord-Süd-Richtung verkehren meistens im 30-Minuten-Takt. Die Hauptverbindung von Bergen nach Oslo führt über eine 45 Kilometer lange Fährverbindung von Gudvangen nach Revsnes. Die Fahrt durch den engen, von steilen Felsen umgebenen Nærøyfjord ist ein Erlebnis besonderer Art. Der nur wenige hundert Meter breite Fjord hat fast keinen Uferbereich, die schroffen Felsen tauchen direkt ins Wasser. Ein Vogelfelsen mit Brutstätten einiger Seevogelarten befindet sich gegenüber der Ortschaft Styvi.

Vom Geirangerfjord zum Aussichtsplateau Dalsnibba

Norwegens berühmtester Fjord ist der nur rund 20 Kilometer lange südlichste Seitenarm des Storfjords. Die Namen Geiranger und Geirangerfjord (Bezirk Møre og Romsdal) sind für viele Norwegenfreunde regelrechte Zauberworte. Eine Fahrt in den Geirangerfjord steht im Programm aller Norwegen-Kreuzfahrtsreisen. Mit etwas Glück trifft man auf eines der riesigen und bekannten Luxusschiffe, die jeweils am Fjordende vor Anker gehen. Von den fjordnahen Aussichtspunkten wie der «Adlerstraße» oder dem Flydalsjuvet, dem «Hausberg» von Geiranger, kann man die phantastische Aussicht über den Ort, den Fjord und die nahen, teils schneebedeckten Berge genießen. Von hier oben wirken die Kreuzfahrtschiffe trotz ihrer Größe wie Modelle aus einer Spielzeugwelt.

Eine Fahrt durch den Geirangerfjord mit dem MS *Geirangerfjord* oder einem der Fährschiffe ist besonders empfehlenswert. Auf der Strecke von Hellesylt nach Geiranger werden dem Besucher in mehreren Sprachen Geschichte und Sehenswürdigkeiten des Fjords näher gebracht. So erfährt man von den Einödhöfen hoch oben in den Felswänden, die nach zähem und jahrelangem Kampf mit der Natur verlassen wurden, oder von den Kindern, die man anbinden musste, damit sie nicht in den Fjord fallen konnten.

Auch die Wasserfälle am Fjord haben ihre Geschichte; so werden die sieben Wasserfälle, die von der oberen Felskante in den Fjord stürzen, «Die Sieben Schwestern» genannt. Je nachdem wie stark der Wind durch das Fjordtal weht, verteilt sich ein Wasserfall in eine breite Gischtwolke, die dadurch den Namen «Brautschleier» erhielt. Selbst auf den vorbeifahrenden

Textfortsetzung Seite 57

nächste Doppelseite: *Der Anblick des dreimastigen Segelschiffes im Hafenbecken von Stavanger lässt viele Seglerherzen höher schlagen. Vom Valbergturm (im rechten Bildteil) hat man einen guten Ausblick auf das Zentrum der Stadt und den lebhaften Gästehafen*

übernächste Doppelseite: *Jeder Sonnenuntergang vermittelt immer wieder einen neuen atemberaubenden Eindruck von Norwegens fjordreicher Küstenlandschaft. Diese Aufnahme entstand südlich von Flekkefjord mit Blick auf die Insel Hidra*

darauf folgende Doppelseite: *Der westliche Stadtteil von Egersund liegt auf der Insel Eigerøya. Von der Brücke eröffnet sich dieser Blick auf den Regapet, den Kanal zwischen dem Festland und Eigerøya, sowie auf die kleine bewohnte Märcheninsel im Kanal*

VICTORIA
HOTEL

SKAGEN
BRYGGE
HOTELL

Im wahrsten Sinne des Wortes schwindelerregenden Nervenkitzel bieten die ungesicherten 600 m senkrecht abfallenden Felswände des Prekestolen (Predigerstuhl). Dieses einmalige Felsplateau oberhalb vom Lysefjord ist ein beliebtes Ausflugsziel in Südnorwegen

Südlich von Odda stürzt tosend der Latefoss zweigeteilt aus über 160 m Höhe ins Tal. Die feinen Wasserpartikel des Wasserfalls verteilen sich im weiten Umkreis, so dass man auch im Abstand von 50 m noch die Feuchtigkeit auf der Haut spürt

nächste Doppelseite: *Die Küste Norwegens gliedert sich in unzählige Inseln und Schären. Zwischen Haugesund und Bergen auf der Fährfahrt zur Insel Stord entdecken wir in Hafennähe von Karevik dieses Inselchen, eines von Norwegens 30 000*

In Bergens Hafen am Torget-Fischmarkt beginnt bereits in den frühen Morgenstunden ein lebhaftes Treiben. Frischer Fisch, Krabben und geräucherter Lachs finden hier ihre Abnehmer

unten:
Die alten Speicherhäuser in Bergen hinter den Handelshäusern an der Tyske Bryggen (Deutsche Brücke) werden auch heute zu Lagerzwecken genutzt. Ein schmaler Zugang führt zu den eng aneinander gebauten Lagerhallen. Diese Handelshäuser aus der Hanse-Zeit stehen auf der UNESCO-Liste der bedeutendsten Kulturdenkmäler der Welt

Ein See im Stadtzentrum von Bergen: Lille Lungegårdsvatnet, der ursprünglich als Löschteich zur Brandbekämpfung diente, ist heute Teil der Parkanlage. Im Musik-Pavillon westlich des Lille Lungegårdsvatnet gibt's seit Errichtung der Grieghallen nur noch selten Konzerte. Im gleichen Park steht dieser Brunnen. Brr, kaltes Wasser, zeigt die Gestik des Kindes

nächste Doppelseite: Im Hafen von Bergen, unweit der Tyske Bryggen, liegt der Ankerplatz der «Statsraad Lehmkuhl». Das dreimastige Segelschiff ist eines der Parade- und Schulschiffe der norwegischen Marine

1450. 1712. 1912.
Solegaard
AUDHILD VIKENS VEVSTOVE

STATSRAAD LEHMKUHL
BERLE

Beeindruckende Abendstimmung an einer Bucht mit vorgelagerten Schären, eingefangen westlich von Bergen auf der Insel Sotra/Store

Schiffen verspürt man an windigen Tagen die feinen Wassertropfen dieses Wasserfalls auf der nackten Haut. Gegenüber den «Sieben Schwestern» stürzt ein weiterer Wasserfall in den Fjord, der als «Der Freier» bezeichnet wird. Zu guter Letzt befindet sich noch eine Felsformation mit dem Namen «Kanzel» im Fjord; und somit hat die Geschichte auch ihr Happyend.
Einen einmaligen Ausblick über das Fjordtal mit seinen Wasserfällen, der «Adlerstraße» und den umliegenden Bergen ermöglicht der 1476 Meter hohe Dalsnibba, ein Bergplateau mit mautpflichtiger Zufahrt, die jedoch nur in der schneefreien Zeit geöffnet ist. Eine beeindruckende Aussicht aus der Vogelperspektive erhält man auch bei einem Rundflug mit dem Wasserflugzeug, das in den Sommermonaten täglich mehrmals auf dem Fjord startet. Der südliche Teil der «Goldenen Route» mit Geiranger und dessen abwechslungsreicher Umgebung lohnt sich für einen längeren Ausflug.

Uferloser Trollfjord – imposant und beklemmend

Einer der bemerkenswertesten Fjorde ist der Trollfjord. Er dehnt sich vom Raftsund in westlicher Richtung aus, ist nur etwa zweieinhalb Kilometer lang und am Eingang nur bis zu 150 Meter breit. Für Besucher der Lofoten oder Vesterålens ist der Trollfjord ein begehrtes Reiseziel. Der nur zwei- bis dreihundert Meter breite Fjord hat keinen Uferbereich, die schroffen Felsen tauchen direkt ins Wasser. Bei der Fahrt durch den Fjord mit seiner schmalen Fahrtrinne und den hohen Felsen an den Seiten hat man zuweilen den Eindruck, auf einem Spielzeugboot zu sein. Die so vermittelte «Scheinwelt» wirkt imposant und beklemmend zugleich.
Der Raftsund liegt im Einflussbereich des Golfstromes und ist daher auch im Winter eisfrei; er dient den Hurtigrute-Schiffen als Verbindung zwischen Svolvær und Stokmarknes. Sein Seitenarm, der Trollfjord, hingegen friert im Winter zu.

Porsangerfjord mit den Vogelparadiesinseln

Der Porsangerfjord in der Finnmark ist mit fast 120 Kilometern der viertlängste Fjord Norwegens. Mit seiner Breite zwischen 15 und 20 Kilometern gehört er auch zu den mächtigsten Fjorden Norwegens. Nordkapfahrer folgen auf der E 69 über weite Strecken dem Uferverlauf des Porsangerfjords.
Im südlichen Fjordbereich befinden sich mehrere größere Inseln, darunter auch

Reinøya, ein Naturreservat. Im Inneren dieser Insel nisten im Sommer zigtausend Grau-, Sturm- und Mantelmöwen und an den steilen Felswänden der Küste Alke, Trottel- und Dickschnabellummen sowie Papageitaucher und Dreizehenmöwen. Viele kleinere Inseln wie zum Beispiel die Trollholmen mit dem Trollholmensund tragen zum abwechslungsreichen Bild dieser Fjordlandschaft bei. Auch eine Bootstour in den einzigartigen vorgelagerten Schärengürtel im südlichen Fjordbereich zählt zu den besonderen Attraktionen dieser Region. Unweit des westlichen Fjordufers befindet sich der Stabbursdalen-Nationalpark mit dem nördlichsten Kiefernwald Europas.

Der Einfluss des Golfstromes ist nur an der Fjordmündung zu spüren, denn hier bleibt der Fjord auch im Winter eisfrei. In strengen Wintern hingegen friert der südliche Teil des Fjords großflächig zu.

Vogelparadies Norwegen: Trottellumme, Papageitaucher, Tordalke

Wer zählt Norwegens Inseln?

Tausende von Inseln, überwiegend unbewohnt, säumen die norwegische Küste. Einige der interessanten und geschichtsträchtigen Inseln sollen in diesem Kapitel vorgestellt werden.

Vogelinsel Runde mit Basstölpel, Gryllteiste & Co.

Westlich von Ålesund liegt vorgelagert im Meer die gut sechs Quadratkilometer große Vogelinsel Runde. Der Vardane ist mit 333 Metern die höchste Erhebung von Runde. Während die Insel im Süden und Osten vom eher flachen in einen hügeligen Bereich übergeht, ist der Westen und Norden direkt vom Meer an felsig und steil. In den flacheren Küstenbereichen leben die Brandente, Eiderente und Gryllteiste.

An den felsigen Steilhängen nisten der Papageitaucher, Tordalk, Eissturmvogel, Basstölpel und die Trottellumme, Dreizehen-, Silber- und Mantelmöwe sowie die seltene Große Raubmöwe. Alle Vögel und Brutkolonien sind von Beobachtungspunkten, die entlang des empfohlenen Wanderpfades oberhalb der Steilküste angelegt sind, gut zu sehen. In der Brutzeit von Mitte März bis Mitte August nisten mehr als 800000 Vögel auf der Insel, demgegenüber leben nur 170 Menschen ständig auf Runde. Für Touristen stehen etwa die gleiche Anzahl von Betten zur Verfügung. Der einzige Campingplatz bietet nur für zehn Zelte und etwa die gleiche Anzahl Wohnmobile einen Platz.

Die geologischen, klimatischen, topographischen und botanischen Verhältnisse tragen dazu bei, dass Runde heute als Norwegens größter Vogelfelsen südlich des Polarkreises gilt. Bei der Vielfalt von seltenen Vogelarten, die auf Runde nisten, wird einem klar, dass diese Insel eine ornithologische Seltenheit darstellt. Seit 1957 stehen alle Vögel und Brutgebiete unter Naturschutz. Mit Zunahme des Tourismus wurden 1981 neue Naturschutzvorschriften, die auch den geologischen Bereich und die Pflanzenwelt einschließen, erlassen.

Wenn das Wetter es zulässt, kann man die Westküste mit dem Motorboot abfahren und die Vögel beobachten. Unterhalb des Branden, dem mit 295 Metern höchsten Steilküstenfelsen, liegen die grüne Lagune und die Branden-Grotten, wo 1972 der Rundeschatz gefunden wurde. Das klare und saubere Meerwasser, eine farbenprächtige und vielfältige Unterwasserfauna und -flora, steil abfallende Felswände, Schären und Unterwasserhöhlen oder etwaige Wrackreste am Meeresgrund machen aus Runde ein echtes Mekka für Taucher. Bei einem Bootsausflug zu den nahe gelegenen Grasinseln, deren Betreten jedoch verboten ist, können Gryllteisten und Seehunde beobachtet werden.

Die Inselstadt oder Stadt der Inseln: Ålesund

Ålesund, die Hauptstadt des Bezirks Møre og Romsdal, verteilt sich auf mehrere Inseln. Die «Stadt im Jugendstil», wie sie auch genannt wird, gilt als architektonische Besonderheit. Infolge eines katastrophalen Großbrandes im Jahr 1904 erfolgte der Wiederaufbau der Stadt im Jugendstil in Verbindung mit Elementen des vorhandenen Drachenstils.

Ålesund ist aufgrund langer Traditionen von der Fischerei geprägt. Dies ist an den unzähligen Boots- und Speicherhäusern zu erkennen, die heutzutage zweckentfremdet als Läden, Büros, Wohnungen und Hotels genutzt werden. Im Laufe der Jahre wurde jede freie Fläche bebaut, sodass nur noch die Berge und das Meer eine natürliche Begrenzung darstellen. Einen einmaligen Eindruck von der Enge der Stadt bekommt man auf dem «Hausberg» Aksla, der über eine 418-stufige Treppe zu erreichen ist. Von hier oben hat man auch eine phantastische Aussicht auf die umliegende Insel- und Bergwelt.

Um den Kanal, der mitten durch das Stadtzentrum führt, zu überqueren, benutzte man in früheren Zeiten Fährschiffe. Heute verbindet eine Brücke die Inseln und Stadtteile; das Besondere daran ist jedoch, dass wegen des Platzmangels die Straße innerhalb eines Gebäudes über interne Serpentinen auf das entsprechende Niveau gebracht werden musste.

Ålesund gilt als idealer Ausgangspunkt für viele interessante Abstecher in die nahe Inselwelt und für Ausflüge in das

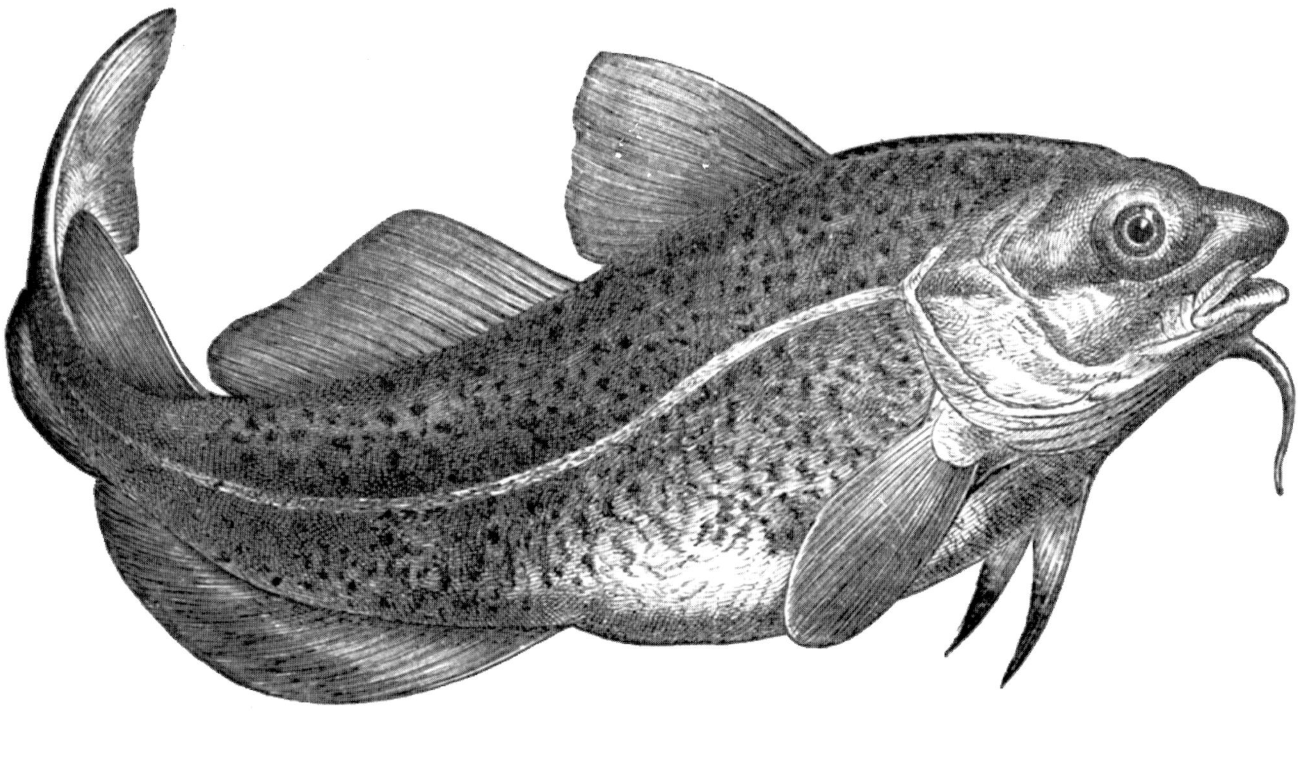

Der Kabeljau ist ein typischer Nordseefisch. Norwegen ist Europas größter Kabeljaufänger

Landesinnere, wie beispielsweise den Geirangerfjord, die Trollstigen und den Briksdalsbreen (Gletscherarm des Jostedalsbreen).

Vogelinseln Værøy und Røst: mildestes Klima ganz Norwegens

Einen Ausläufer der Inselformation der Lofoten bilden die Inseln Værøy und Røst. Die Inselgruppe Værøy besteht aus den Inseln Værøy und Mosken sowie mehreren unbewohnten Eilanden. Die Inselgruppe von Røst besteht aus den Inseln Røstlandet, Vedøya, Storfjellet, den unbewohnten Inseln Trenyken, Hernyken und Skomvar sowie mehreren kleineren Eilanden.

Die Inselgruppen, die unabhängig voneinander mit dem Fährschiff von Bodø aus zu erreichen sind, genießen das mildeste Klima von ganz Norwegen. Die Durchschnittstemperatur liegt immer über dem Gefrierpunkt. Ein besonderes Charakteristikum der Vegetation von Værøy und Røst ist eine Wärme liebende Pflanze, die von den Inselbewohnern «Tabakpflanze» genannt wird. Diese Pflanze, die sowohl dem Bambusrohr als auch einer einheimischen Ampferart ähnelt, wird nahezu eineinhalb Meter hoch. Vermutlich handelt es sich um eine ostasiatische Verwandte der Ampferfamilie, die um 1915 von einem Seemann importiert wurde.

Während auf der Insel Værøy sich nur auf der südlichen Landzunge eine Seevogel-Nistkolonie befindet, gibt es auf jeder der Inseln von Røst jeweils Nistkolonien. Die Brutstätten auf den Inseln Storfjellet, Trenyken, Hernyken und Skomvar können nur vom Boot aus gesichtet werden, ein Betreten der Inseln ist in der Brutzeit verboten. Die Inselgruppe Røst gilt als Norwegens größtes Vogelschutzgebiet. Die Vogelvielfalt ist hier ähnlich wie auf der Vogelinsel Runde.

Lofoten: schroffe Felseilande, vom Eis geformt

Das Eis formte auch die eindrucksvolle Inselgruppe der Lofoten, die sich wie ein ganzer Schwarm schroffer Felseilande in einem 240 Kilometer langen Bogen vor der Küste Nordnorwegens scharen. Sie ähneln einer Alpenlandschaft, die jedoch so tief ins Meer eintauchte, dass nur noch die höchsten Gipfel aus dem Wasser ragen. Zwischen der «Lofotwand» und dem Festland liegt der Vestfjord. Der Küstenbereich wird von der einheimischen Bevölkerung auch «Innenseite» genannt, damit sind die vom Meer geschützten Seiten gemeint. Die Westküste der Lofoten ist dagegen felsig und steil,

sie ist von der rauhen See gezeichnet, die ständig, besonders aber in den Wintermonaten, am Fels nagt. Auf der vom Meer abgewandten Seite der Inseln oder in den windgeschützten Buchten entstanden die ersten Siedlungen. Aus Platzmangel wurden die späteren Gebäude so dicht ans Wasser gebaut, dass sie mit Holzstützen gesichert werden mussten oder gänzlich auf Pfählen im Wasser standen.

Früher gingen auf den Lofoten zwischen Januar und März bis zu 6000 Boote, oft nur vier bis sechs Meter lange Nordlandboote, mit an die 30 000 Mann auf Fischfang. Seit Jahrhunderten zählen die Fischgründe der Lofoten zu den ertragreichsten im Nordmeer. Durch die große Zahl der Fischer, die sich zur Fangzeit dort aufhielten, entstanden neue Gemeinden mit großem Reichtum und einer eigenwilligen Tradition. Europas erster kommerzieller Rundfunksender (Radio Sørvagen) wurde 1908 gegründet und diente hauptsächlich der Fischerei.

Brücken und unterseeische Tunnel verbinden die Lofoten

Heute sind die großen Inseln der Lofoten durch unterseeische Tunnels oder Brücken verbunden, sodass mit nur einer Fährverbindung über die Vesterålen eine gute Verbindung zum Festland besteht. Eine direkte Fährverbindung von Bodø nach Moskenes ist jedoch der schnellste Weg, um auf die Lofoten zu gelangen. Auf der Inselgruppe findet man viele traditionsreiche Fischerorte inmitten einer reizvollen Landschaft. Hier kann man noch den Reiz und den Lebensstil der

Die Spöke (Heringskönig) ist mit 1,5 m Länge die größte Art der Seedrachen und lebt auf dem Meeresboden

guten alten Zeit erleben und in einem echten *Rorbu* (Fischerhütte) übernachten. Die Rorbus wurden sorgfältig restauriert und entsprechend dem heutigen Standard mit allem Komfort ausgestattet. In dem malerischen Ort Nusfjord, der von der UNESCO unter Denkmalschutz gestellt wurde, befanden sich zur Glanzzeit der Fischerei über 60 Fischerhütten, von denen allerdings nur 28 erhalten werden konnten.

Unweit von Moskenes, gut geschützt hinter einer Landzunge, liegt der Fischerort Reine. Seit 1743 hat man in Reine mit Meeresfrüchten Handel betrieben, und der wichtigste Wirtschaftszweig ist nach wie vor der Fischfang. Der größte Teil der Fische wird filetiert auf Trockengestelle, die überall an luftiger Stelle aufgebaut sind, zum Trocknen aufgehängt. In den ersten Wochen nach der Fischfangsaison ist die Luft auf den gesamten Lofoten schwer vom Geruch der trocknenden Fische. Der getrocknete Fisch, auch Stockfisch genannt, wird in großen Mengen nach Italien exportiert.

In Kabelvåg, südlich von Svolvær, befindet sich das Lofoten-Aquarium. In 16 anschaulichen Becken sind alle Arten von Süß- und Salzwasserfischen, Schalentieren und Muscheln zu besichtigen. Außerdem wird in einer Multimediaschau dem Besucher die Meeresflora und -fauna des Lofotengebietes nahe gebracht.

Pottwale – Höchstlänge bis gegen 20 m – unter Wasser können Sie bei den Pottwalsafaris beobachten, die von der Insel Andøya aus starten

Vesterålen, Inseln der Pott-, Schwert- und Zwergwale

Nördlich der Lofoten befinden sich die Vesterålen, ebenfalls eine Inselgruppe, jedoch mehr als doppelt so groß wie die Lofoten. Auch hier leben die Bewohner hauptsächlich vom Fischfang, Fischhandel und der Veredelung von Fischprodukten. Die nördlichste Insel der Vesterålen, Andøya, gehört zum nördlichsten Teil des Bezirks Nordland. Gegenüber anderem Felsgestein ist dasjenige von Andøya erst etwa 100 bis 150 Millionen Jahre alt und gilt damit als Norwegens jüngster Fels. Er enthält Fossilien von Pflanzen und Tieren, die einst in diesem Gebiet vorkamen. Hier befinden sich auch die einzigen Kohleflöze Norwegens.

Bleiksoya, eine kleine Insel westlich der Insel Andøya, fällt durch ihren markanten Felsen auf, der wie ein Zuckerhut aus dem Meer ragt. Die Insel steht wegen der vielfältigen dort heimischen Vogelwelt unter Naturschutz und darf nicht betreten werden. Vom Fischerboot aus können die auf dem Vogelfelsen brütenden Papageitaucher, Dreizehenmöwen, Krähenscharben, Tordalken und Trottellummen beobachtet werden.

Westlich der Vesterålen, in den Gewässern der norwegischen Küste, trifft man von Juni bis September auf Pottwale, Schwert- und Zwergwale, die sich zum Paaren hier versammeln. Die kleine Stadt Andenes gilt als das Zentrum für alles, was mit Walen zu tun hat. Im örtlichen Walzentrum, das vom WWF gefördert wird und über ein eigenes Forschungsschiff verfügt, wird die Erforschung der Wale betrieben. Im angegliederten Walmuseum sind in einer Ausstellung viele der riesigen Meeressäuger ausgestellt. Reisen Sie auf «Moby Dicks» Spuren bei den in Europa einzigartigen Pottwal-Safaris, die unter fachkundiger Leitung von Andenes aus geführt werden.

Spitzbergen, erst 1596 entdeckt

Zum Verwaltungsbezirk Svalbard zählen die Inseln Spitsbergen, Nordaustlandet, Barentsøya, Edgeøya, Prinz Karls Forland und zahllose kleinere Eilande und Schären. Die Inselgruppe im Nördlichen Eismeer ist etwa 1000 Kilometer von Tromsø und ebenso weit vom Nordpol entfernt. Die Insel Spitzbergen ist die größte der Inselgruppe, ihre Fläche macht fast zwei Drittel der Gesamtfläche von gut 62 500 Quadratkilometern aus. Der Archipel ist zu 60 Prozent mit Gletschereis bedeckt. Die im Jahr 1596 entdeckten Inseln gehören seit 1925 zum norwegischen Hoheitsgebiet. Laut Vertrag haben jedoch alle Unterzeichnerstaaten das Recht, dort Fischfang zu betreiben und Bodenschätze zu fördern; hiervon machen aber nur die

Russen Gebrauch. Norwegen und Russland betreiben zusammen fünf Kohlegruben, die alle am Ufer des Isfjords liegen, der tief in die Insel Spitzbergen einschneidet. Fast alle der etwa 3600 Einwohner sind im Bergbau beschäftigt, davon sind etwa zwei Drittel Russen und ein Drittel Norweger.

Spitzbergen – wie der Name bereits sagt – ist die Insel mit den spitzen, felsigen Bergen. Die 1712 Meter hohe Newtonspitze ist der größte Berg der Inselgruppe. Seit dem 18. Jahrhundert ist die Inselgruppe das Ziel wissenschaftlicher Expeditionen aus aller Welt. Mit ihren Gesteinsformationen, die mehrere Entstehungsepochen beinhalten, gilt die Inselgruppe als geologische «Fundgrube» unter den Forschern. Noch im Einflussbereich des Golfstromes, fallen die Winter im Vergleich zur geographischen Breite recht milde aus; die relativ niedrige Niederschlagsmenge von 300 Millimetern im Jahr gehen zur Hälfte als Schnee nieder. Gewaltige, bis an das Meer reichende Gletscher und schroff aufragende Berggipfel vermitteln einen bleibenden Eindruck von der wilden, ungebrochenen Schönheit dieses Archipels.

Auf den Inseln Spitzbergen und Forlandet wurden insgesamt drei Nationalparks zum Schutz von Seevögeln, Walrossen und Rentieren errichtet. Seit einigen Jahren ist Spitzbergen wegen der arktischen Flora und Fauna in den Sommermonaten zum beliebten Ziel von Naturfreunden geworden.

Das Walross ist eine Robbe, kein Wal. Auf Spitzbergen sind sie dank dreier Nationalparks gut geschützt

Paradiesisch belebte Natur

Die Gegensätze in Norwegens Flora sind entsprechend den unterschiedlichen Klimazonen sehr vielfältig. Weite Gebiete im Süden tragen dichte Laub- und Nadelwälder. Im äußersten Norden befinden sich baumlose Berglandschaften mit großen Weideflächen. Vergletscherte Gipfel erheben sich dort über felsige Hochflächen, die mit Zwergsträuchern, Gräsern und Moosen bewachsen sind. Zahlreiche Nationalparks, Naturreservate und Vogelschutzgebiete wurden zum Schutz der einmaligen Flora und Fauna im ganzen Land einschließlich Spitzbergen errichtet.

Karger Norden mit arktischem Natur-Eldorado

Weite Gebiete der Finnmark sind baumlos und dienen hauptsächlich den Rentieren als Weideflächen. Die Berge sind ganzjährig mit Schnee bedeckt, die Erde und die Hochmoore tauen im Sommer nur in der Oberschicht auf. Das Wachstum von Gräsern, Moosen und niedrigem Strauchwerk ist auf wenige Wochen im Jahr begrenzt. Hier wachsen auch die kostbaren Multebeeren, die nach einem alten Gesetz nur von der dort lebenden Bevölkerung gepflückt werden dürfen. Im Reich der Rentiere leben außerdem: Schneehuhn, Polarfuchs, Adler und viele Seevögel.

Nördlich von Tromsø liegt das Gemeindegebiet von Karlsøy mit seinen 600 Inseln und Schären. Hier, weit im Norden, noch im Einflussbereich des Golfstromes, befindet sich die Wachstumsgrenze für viele Pflanzenarten. Fugløya, die nördlichste Insel der Gemeinde Karlsøy, ist ein Naturreservat, das auch Europas größte Seeadlerkolonie beherbergt. Auf der Halbinsel Lyngen, nur etwa 70 Kilometer östlich von Tromsø, stößt man hingegen auf ein arktisches Natur-Eldorado. Eine der alpinsten und wildesten Gebirgslandschaften mit Bergspitzen über 1800 Metern und vielen kleinen Gletschern ist hier anzutreffen. Das rauhe Klima lässt in dieser Region allerdings nur an den Küsten ein wenig Raum für Flora und Fauna.

Langfinnendelphine und Färbepflanze aus der Wikingerzeit

Die See vor der Küste Nordlands beheimatet beispielsweise mit dem Meeressaibling einen der besten Speisefische der Welt. Außerdem beherbergt die See neben Seehunden auch einige Delphinarten wie Rundkopfdelphin und Langfinnendelphin sowie Buckelwale, Finnwale,

Pottwale, Schwertwale, Zwergwale und Tümmler. Vom golfstromerwärmten Nordpolarmeer umspült und verteilt auf mehrere Inseln, befindet sich westlich der Insel Andøya das Vogelschutzgebiet von Bleiksoya. Wie bereits im Insel-Kapitel beschrieben, gibt es südlich der Lofoten, auf den Inseln Røst und Værøy, weitere Vogelschutzgebiete mit abertausenden von arktischen Vögeln unterschiedlicher Gattungen, die hier nisten und ihre Brut aufziehen. Es herrscht immer ein chaotisches Gedränge auf dem felsigen Brutgelände, und das ohrenbetäubende Geschrei der Vögel, die ständig um ihr Terrain kämpfen müssen, ist weithin zu hören.

Ein besonderes Charakteristikum der Vegetation auf den Inseln Røst und Værøy ist eine Wärme liebende Pflanze, die von den Einheimischen «Tabakpflanze» genannt wird. Wissenschaftler nehmen an, dass es sich dabei um eine ostasiatische Verwandte der Ampferfamilie handelt. Eine andere Pflanze, die schon in der Wikingerzeit gezielt kultiviert wurde, ist der Färberwaid *(Isatis tinctoris).* Fermentiert und oxidiert, gibt er ein kräftiges Indigoblau ab, das sich zum Färben von Stoffen und Wolle eignet. Im Laufe der Zeit ist die Pflanze jedoch verwildert und erfreut wegen ihrer Schönheit nur noch das Auge des Naturliebhabers bei den Besuchen auf den Schären bei Bodø.

Der Nördliche Entenwal kann 9 m lang werden und wandert im Herbst bis an den Äquator

Die Polarkreiszone: nur Birke und Kiefer leben weiter oben

Die Saltfjell-Berge und der Polarkreis bilden für viele Gattungen der Flora und Fauna eine natürliche Grenze. Die unterschiedlichen klimatischen Voraussetzungen zeigen hier in auffälliger Weise ihre Wirkung. Die Bergkette bildet die nördliche Grenze für Bäume wie Eschen, Linden und Ulmen, die in einer gemäßigten Klimazone gedeihen. Als einziger Laubbaum ist nur die Birke bis weit in den Norden verbreitet. Bei den Nadelbäumen beginnt für die Fichte hier die Wachstumsgrenze, weiter nördlich gedeiht nur noch die Kiefer als einziger wild wachsender Nadelbaum. Ebenso begrenzen die Saltfjell-Berge die Verbreitung von Schlangen in nördlicher Richtung.

Das südliche Nordland: Beeren, Pilze, Fuchs und Luchs

Ein Großteil des riesigen ertragreichen Waldgebietes von Nordland besteht aus Nadelgehölz; der überwiegende Anteil jedoch sind Laubbäume, davon hauptsächlich Birken. In den riesigen Wäldern wachsen vielerlei Beeren und Unmengen von schmackhaften Pilzen, darunter auch der aromatische Pfifferling. Die dichten Waldgebiete bieten Lebensraum für den Elch, den König der nordischen Wälder, aber auch Biber, Fuchs, Luchs, Otter, Marder und Rentier sowie See- und Steinadler sind in dieser Region anzutreffen.

Moschusochsen in Mittel- und Südnorwegen

Viele Seen, dichte Waldgebiete, karge Fjellgebiete und kahle Gebirge prägen die Landschaft von Mittelnorwegen. Dementsprechend vielfältig zeigt sich die Flora und Fauna in dieser Region. In den Tälern und an den Fjorden wird Landwirtschaft und Nutzviehhaltung (Rinder, Ziegen und Schafe) betrieben.
Große Fjellgebiete und hohe Gebirgslandschaften kennzeichnen dieses Gebiet. In den Tälern wird Landwirtschaft und Obstanbau betrieben. Zum Schutz von Flora und Fauna entstanden mit Jotunheimen, Dovrefjell, Rondane und Ormtjernkampen mehrere der norwegischen Nationalparks. Dazu kommen das Vogelschutzgebiet Fokstumyra sowie das Landschaftsschutzgebiet Vassfaret in Sor-Aurdal, das vor allem wegen seiner Braunbären bekannt ist. Frei lebende Moschusochsen können im Dovrefjell-Nationalpark beobachtet werden. In den weiten Fjellgebieten leben wilde Rentier-

herden, und in den dichten Wäldern der Ebenen ist der Elch anzutreffen.
Der Süden Norwegens ist geprägt von seinen breiten und fruchtbaren Küstenbereichen sowie den großen kargen Fjell-Plateaus. Während an der Küste und in den Tälern große zusammenhängende Laub- und Nadelwälder vorherrschen, sind die Plateaus mehr mit Birken und Kiefern bewachsen. Das bekannteste Hochplateau ist die Hardangervidda mit rund 9000 Quadratkilometer Fläche, wovon etwa ein Drittel für den gleichnamigen Nationalpark reserviert ist. Hier gibt es über 100 Vogelarten, rund 500 verschiedene Blütenpflanzen und viele Säugetierarten. Unzählige Lemminge und über 40000 Rentiere leben auf dem riesigen Hochplateau. In den südlichen Wäldern gibt es neben Elchen auch Rehe und Hirsche.

Elch, Rentier, Lemming

Der Elch ist in ganz Norwegen in bewaldeten Gebieten anzutreffen. Rentiere hingegen bevorzugen mehr die höher gelegenen Weideflächen der Fjells. Auch Lemminge sind auf den Hochflächen im ganzen Land verbreitet. Teilweise werden einzelne Landstriche in unregelmäßigen

Auf der norwegischen Inselgruppe Spitzbergen gibt es Eisbären

Intervallen von vielen Millionen dieser Tiere heimgesucht und kahl gefressen.

Auf der Inselgruppe Svalbard (Spitzbergen) leben Eisbären, die sich hauptsächlich von Meeressäugern wie Robben und Walrossen ernähren. In den übrigen schneebedeckten Hochlagen und Gletschergebieten sind der Schneehase, das Schneehuhn und die Schnee-Eule sowie der Polarfuchs beheimatet.

Die Küstenbereiche, Inseln und Schären bilden den Lebensraum vieler Wasservögel wie Möwen, Enten, Gänse und Reiher.

Nationalparks

Die Zahl der Nationalparks soll in Norwegen in den nächsten Jahren weiter ausgebaut werden. Von den gegenwärtig 20 Nationalparks befinden sich zwei auf Spitzbergen. Viele dieser Parks bieten gute Wandergelegenheiten auf markierten Wegen und teilweise auch Übernachtungsmöglichkeiten an. Wichtige Hinweise und Verhaltensmaßregeln sind meistens am Eingang der Parks auf Schautafeln angezeigt und sollten zum Schutz der Flora und Fauna unbedingt eingehalten werden.

Die Nationalparks im Einzelnen:

Hardangervidda (3430 qkm): berührt mit Buskerud, Telemark und Hordaland drei Bezirke, Hochgebirgsgebiet (Fjell) bis zu 1700 Meter Höhe, über 20 verschiedene Säugetierarten sowie über 100 Vogelarten und zirka 40 000 Rentiere.

Jostedalsbreen (1230 qkm): Bezirk Sogn og Fjordane, nördlich des Sognefjords, mit 80 Kilometer Länge Europas größter Festlandgletscher.

Jotunheimen (1140 qkm): berührt mit Sogn og Fjordane und Oppland zwei Bezirke, drei große Binnenseen, Norwegens höchste Berge und mit Galdhøpiggen und Glittertind zwei große Gletscher.

Ormtjernkampen (9 qkm): Bezirk Oppland, Norwegens kleinster Nationalpark, unberührtes natürliches Waldgebiet.

Rondane (572 qkm): berührt mit Oppland und Hedmark zwei Bezirke, Hochgebirgslandschaft mit Rens, Füchsen, Hermelinen, Vielfraßen, Lemmingen und typischen Vogelarten wie Schneesperling, Schneehuhn und Schneehase.

Gutulia (19 qkm): Bezirk Hedmark, südlich der Femundsmarka, Grenzgebiet zu Schweden, tiefe Kiefern- und Fichtenwälder, Kälteeinfluss, da mehr Kontinentalklima statt Golfstrom, Elche.

Dovrefjell (265 qkm): berührt mit Oppland und Süd-Trøndelag zwei Bezirke, wird von Lachsfluss Driva, E6 und Bahnlinie in zwei Bereiche geteilt, im westlichen Teil Moschusochsen.

Gressåmoen (180 qkm): Nord-Trøndelag, Wald und Moorgebiete, sehr gutes Angelgebiet.

Børgefjell (1087 qkm): berührt mit Nord-Trøndelag und Nordland zwei Bezirke, alpine Hochgebirgsformation mit tiefen Tälern und kahlen Felsgipfeln.

Rago (170 qkm): Bezirk Nordland, Grenzgebiet zu Schweden, Gletscher- (mit Lappfjellet), Seen- und Flusslandschaft.

Saltfjellet/Svartisen (2100 qkm): Bezirk Nordland, nördlich des Polarkreises, Hochgebirgs- und Gletscherlandschaft.

Ånderdalen (68 qkm): Bezirk Troms, auf der Insel Senja, durch das Golfstromklima vielfältige Flora, Kiefern- und Birkenwald.

Øvre Dividalen (741 qkm): Bezirk Troms, Grenzgebiet zu Schweden, Hoch- und Gebirgslandschaft mit Seen und Moorgebieten (Moore tauen im Sommer nicht komplett auf), viele Rentiere.

Reisa (803 qkm): Bezirk Finnmark, Grenzgebiet zu Finnland, Fjell- und Hochfjell, Seen-, Flusslandschaft, Rens.

Øvre Anarjokka (1290 qkm): Bezirk Finnmark, südlich der Finnmarksvidda, Grenzgebiet zu Finnland, Königsadler, Bären.

Berglemminge vermehren sich in Massen, machen pro Jahr zwei Massenwanderungen (kurze Frühlings- und große Herbstwanderung) und enden nicht selten massenweise an Meeresküsten, die sie irrtümlich für durchschwimmbare Seen halten

Stabbursdalen (96 qkm): Bezirk Finnmark, nördlichster Kiefernwald, Zwergfalken, Fischadler, Elche, Füchse.

Øvre Pasvik (63 qkm): Bezirk Finnmark, Grenzgebiet zu Russland und Finnland, östlich des finnischen Inarisees, Seen- und Moorlandschaft, Elche, Fischadler.

Nordvest-Spitsbergen (3560 qkm): Bezirk Svalbard, nordwestliches Spitzbergen, Seevögel, Walrosse, Svalbardrentiere und Eisbären.

Sor-Spitsbergen (5300 qkm): Bezirk Svalbard, südliches Spitzbergen, Gletscher- und Dauerschneegebiet.

Forlandet (640 qkm): Bezirk Svalbard, Gletscher und Bergspitzen, Golfstromeinfluss, nördlichste Brutplätze von Seevögeln.

Wikinger, Dänen und Schweden schreiben Norwegens Geschichte

Zwischen vier- und fünftausend Jahre alte Felszeichnungen wurden erst im Juni des Jahres 1951 östlich von Bodø entdeckt. Eine der Abbildungen zeigt einen lebensgroßen Elch, die trotz des hohen Alters in sehr gutem Zustand ist. Weitere, in die vom Gletschereis blank polierten Gesteinsoberflächen geritzte vorgeschichtliche Dokumente, wie beispielsweise das Rentier von Hell, wurden in der Nähe von Trondheim gefunden. Im Mittelpunkt dieser mit primitiven Werkzeugen wie zum Beispiel spitzen Steinen geritzten und gehauenen Zeichnungen stehen steinzeitliche Jagdszenen. Bei jüngeren Felszeichnungen aus der Bronzezeit tauchen jedoch bereits Schiffe auf und geben somit Aufschlüsse über die gewandelten Lebensbedingungen innerhalb dieser Epoche.

Bereits seit dem 2. Jahrtausend v. Chr. besiedeln germanische Stämme die Küstenregionen von Westnorwegen. Ihre Nachfahren, die Wikinger, gelten als wagemutige Seefahrer, die mit hölzernen Booten auf Raubzug gehen. Sie erobern bereits im späten 8. Jahrhundert n. Chr. die Orkney-Inseln und lassen sich auf Shetland, den Hebriden und auf der Isle of Man nieder.

Nordschottland und Irland werden ebenfalls zu ihrer Heimat, und Dublin, gegründet von den Wikingern in den Jahren um 840, ist bis 1171 Sitz eines norwegischen Königshauses. Ab dem Jahr 860 kolonisieren sie Island, Grönland entdecken die Wikinger im Jahr 982. Der Entdecker, Abenteurer und Stadtgründer «Erik der Rote» verbreitet in dieser Zeit mit seiner «Blutaxt» Angst und Schrecken im Nordmeer. Um die Jahrtausendwende landet Helge Ingstad oder Leif Eriksson (die Sage erzählt hier Unterschiedliches) weit im Westen in *Vinland*, im «Land der guten Wiesen». Es liegt auf Neufundland, und damit gelten die Norweger als die ersten europäischen Entdecker von Amerika.

Der schönhaarige Harald einigt die Wikinger

Bereits im Jahr 872 erreicht König Harald I. Hårfagre (zu Deutsch «Schönhaar») nach der Schlacht im Hafrsfjord die erste Einigung unter den Wikingern. Der Wikingerkönig Olaf I. gründet im Jahr 997 Kaupangen. Die später bis ins 16. Jahrhundert Nidaros genannte Stadt ist uns unter dem heutigen Namen Trondheim bekannt. Sie zählt neben Tønsberg zu den ältesten Städten Norwegens. Die um 1000 von Olaf I. begonnene Christianisierung gelingt erst seinem Nachfolger Olaf II. durch seinen Märtyrertod. Er fällt bei der Schlacht gegen die aufständischen Bauern, die bis dato altnordischen Göttern wie Odin und Thor die Treue gehalten haben. Sein Todestag, der mit dem 29.

Textfortsetzung Seite 89

Die berühmte Stabkirche von Borgund unweit des Sognefjord an der E 16 ist unter den 15 erhaltenen Mastenkirchen die einzige, die das Mittelalter unbeschadet überstanden hat

Vom Bergrücken der Stalheimskleiva stürzen mehrere Wasserfälle tosend ins Nærøydal. Der Stalheimsfoss, hier im Bild, ist einer der größten Wasserfälle in der Region

Die E 16 endet in Gudvangen, ab hier gibt es eine Fährverbindung nach Kaupanger oder Revsnes. Die Fährfahrt von Gudvangen führt durch den engen, von steilen senkrechten Felsen eingebetteten Nærøyfjord; sie ist ein Erlebnis von besonderer Art. Die Fähren verkehren, außer in den Nachtstunden, regelmäßig im Pendelverkehr überwiegend nur zwischen zwei Häfen. Diese ankommende Fähre, hier bei Hella am Sognefjord, hat bereits vor Erreichen des Landesteges die Bugklappe zum Entladen geöffnet

nächste Doppelseite: *Nördlich von Balestrad, im Hochfjell an der B 5, treffen wir auf diese winterliche Landschaft. Umgeben von der schönen Natur dient das Haus auf der kleinen Insel als Ferienunterkunft, leider jedoch nur für wenige Wochen im Jahr*

Der Nigardsbreen ist ein südlicher Seitenarm des Jostedalsbreen, dem größten europäischen Gletscher. Das Kalben, wenn Eisbrocken vom Gletscher abbrechen, beobachten Sie besser nur aus sicherer Entfernung

Im Breiseterdalen, einem Tal zwischen Skjolden und Lom, treffen Sie auf diese traumhafte Herbstlandschaft

nächste Doppelseite: *Auf der Fahrt durch die Hochebene zwischen Skjolden und Lom begrüßen uns kristallklare Bergseen, die bei Windstille einmalige Spiegelbilder auf der Wasseroberfläche zeichnen*

Auf der Strecke zwischen Skjolden und Lom sehen Sie die unterschiedlichsten Landschaftsformen belebter Einsamkeit und Stille wie z. B. hier im Sognefjell

Der Stabkirchenbau fand im 11./12. Jh. seinen Höhepunkt. Im Laufe der nachfolgenden Jahrhunderte wurden viele Kirchen mehrfach umgebaut und erweitert. So erhielt die Stabkirche von Lom 1634 einen Anbau, 1663 wurden die Querflügel und der Turm hinzugefügt

Viele Wasserfälle oder Stromschnellen, auch Fossen genannt, dominieren die norwegischen Flussläufe. Zwischen Lom und Grotli am Ottafluss zischt uns diese Stromschnelle entgegen

unten links: *Diese wildreißende (und hinreißende) Stromschnelle im Ottafluss, der Ofossen, brandet südlich von Bismo*

unten rechts: *Rauschende und schäumende Wassermassen passieren hier den Høgfossen im Ottafluss nördlich von Bismo*

An einem kleinen Seeparadies im Ottadal, nördlich von Bismo, zeigen sich die Bäume, Sträucher und Gräser im bunten Herbstkleid

unten:
Das Ottadal ist ein beliebtes Feriengebiet der Norweger; viele Wochenend- und Ferienhäuser in traditioneller Blockbauweise erfreuen die Besucheraugen

nächste Doppelseite:
Der 1857 erbaute Schaufelraddampfer «Skibladner», der noch seinen Dienst auf dem Mjøsa-See leistet, ist als Museumsschiff ausgestattet. Eine Fahrt mit ihm ist ein einmaliges Erlebnis

SKIBLADNER.

Im Gudbrandsdal, nördlich von Lillehammer, steht die Stabkirche von Ringebu. Auch diese Kirche erhielt Turm und Querflügel erst nachträglich im Jahr 1631

Juli 1030 angegeben wurde, wird als *Olsok* bis heute gefeiert.

Ungeliebte Dänenherrschaft

Mit dem Tod des letzten Wikingerkönigs Håkon V. fällt 1319 der Thron an König Magnus VII., der Norwegen und Schweden in Personalunion regiert. Unter Königin Margarete von Dänemark werden 1389 unter dänischer Vorherrschaft die Länder Norwegen und Schweden vereint und integriert. Dieser Zusammenschluss wird später in der Kalmarer Union von 1397 vertraglich abgesichert. Nach Auflösung der Union wird im Jahr 1523 Norwegen zu einer Provinz von Dänemark. Norwegens heutige Hauptstadt Oslo heißt unter der Dänenherrschaft Christiania – benannt nach dem Dänenkönig Christian.

Die sogenannte «Dunkelzeit» ihrer über vier Jahrhunderte dauernden Abhängigkeit und Unterdrückung durch die damalige Großmacht Dänemark würden die Norweger am liebsten aus ihrer Geschichte tilgen. Die Dänenzeit endet mit dem Kieler Frieden (14. 1. 1814); vertraglich wurde dem schwedischen Kronprinzen Bernadotte Norwegen zugeschlagen. Damit beginnt eine fast hundertjährige Abhängigkeit von Schweden.

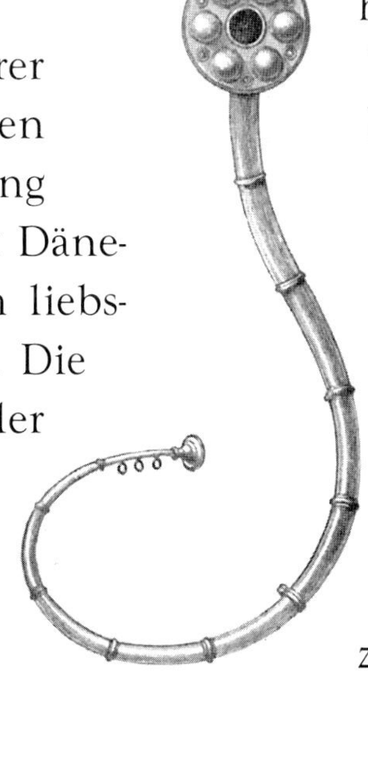

Die Lure ist ein nordisches Blasinstrument aus der germanischen Frühzeit (13.–7. Jh. v. Chr.)

In den ersten Monaten des Jahres 1814 versammeln sich die wagemutigsten Männer des norwegischen Volkes und beschließen die Sonderverfassung des Landes, die dann am 17. Mai 1814 vom damaligen Schwedenkönig Karl-Johan anerkannt wird. Seitdem gilt dieser Tag als Nationalfeiertag der Norweger. In einer Volksabstimmung im August 1905, nach vorausgegangenen Verfassungskonflikten, wird mit einer überwältigenden Mehrheit die Unabhängigkeit von der Schwedenregentschaft unter König Oskar II. beschlossen. In einer weiteren Volksabstimmung entscheidet man sich klar für eine Monarchie als Staatsform. Obwohl vorher eine 400 Jahre andauernde dänische Regentschaft bestanden hat, wird vom Parlament (Storting) am 18. November 1905 ein Spross aus dem Dänischen Königshaus zum König gekrönt. Er ändert seinen Namen, und so haben die Norweger mit Håkon VII. ihren eigenen König.

Norwegen kann im Ersten Weltkrieg seine Neutralität bewahren. Der deutsche Kaiser Wilhelm gilt als Norwegenfan, er besucht das Land über den Seeweg des Öfteren und trifft sich dort mit seinem Freund, dem norwegischen König Håkon VII. zu ausgedehnten Spaziergängen in Trondheim. Im Jahr

1920 kommt die Inselgruppe Spitzbergen unter norwegische Flagge. Im April 1940 besetzen deutsche Truppen das Land. König und Regierungsmitglieder fliehen nach England und bilden dort eine Exilregierung. Für die Zurückgebliebenen beginnt eines der traurigsten Kapitel in der Geschichte des Landes.

Fünf Jahre dauert die Besatzungszeit an. Fast 10000 Norweger verlieren ihr Leben in den deutschen KZs, und einige Städte, wie zum Beispiel Hammerfest, werden grundlos niedergebrannt. Den älteren Norwegern fällt es auch heute noch schwer, diese Zeit zu vergessen. Gegenüber deutschen Urlaubern verhält sich diese Generation immer noch zurückhaltend, ansonsten jedoch hilfsbereit. Die norwegische Jugend hingegen ist aufgeschlossen und gastfreundlich.

Nach dem Krieg etabliert sich erneut die Demokratie mit einer konstitutionellen Monarchie, die mit König Håkon VII. fortgesetzt wird. Im Jahr 1957 folgt Olaf V. seinem Vater auf den Thron und wird Staatsoberhaupt. Der jetzige Monarch Norwegens, König Harald, ist der Sohn König Olafs V., der im Jahre 1991 verstarb. Das heutige Norwegen entwickelte sich im Laufe der Zeit zu einem fortschrittlichen Sozialstaat, dies zeigt sich besonders in Fragen der Gleichberechtigung.

Norwegen ist Mitglied bei UN, NATO, OECD, GATT, Nordischer Rat, Europarat und EFTA. Bereits der Anlauf zum Beitritt zur EWG scheiterte in einer Volksabstimmung. Dies hatte zur Folge, dass die damalige Regierung 1972 zurücktrat.

Auch der Beitritt zur EU gelang nicht, weil im November 1994 in einem Plebiszit das Votum negativ ausfiel. Mit dem Beitritt von Schweden, Finnland und Österreich zur EU verblieben in der EFTA zur Jahreswende 1994/95

Felszeichnungen aus der Bronzezeit bei Trondheim

nur noch die Schweiz, Norwegen, Island und Liechtenstein. Sehr wichtig ist seitdem für Norwegen das 1992 von den EU- und EFTA-Staaten unterzeichnete Abkommen über den EWR, den Europäischen Wirtschaftsraum.

In den Vereinten Nationen – der erste UNO-Generalsekretär (1946–52) war der Norweger Trygve Lie (1896–1968) – ist Norwegen aktiv tätig. Das Land stellt unter anderem Einheiten für die UN-Friedenstruppe zur Verfügung. Seit Jahrzehnten arbeitet Norwegen auf politischer Ebene und in praktischen Fragen intensiv mit den anderen skandinavischen Ländern zusammen. Skandinavien bildet einen gemeinsamen Arbeitsmarkt, und auch bei den Sozialleistungen besteht eine weitgehende Zusammenarbeit.

Der Fischer und seine Frau in der Fischertracht Bergens im 19. Jh.

Die demokratisch gegründete Monarchie

Bis ins 9. Jahrhundert sind die Regionen, die später zur Nation Norwegen werden, nicht geeint. Es gibt viele kleine Könige, die aufgrund ihrer Verwandtschaftsverhältnisse oder durch Heirat Beziehungen zueinander haben, was ihnen beträchtliche Macht verleiht. Die Kleinkönige im Viken – dem Gebiet um den Oslofjord – spielen eine große Rolle bei diesem Prozess. Mehr und mehr Landgebiete werden ihrer Macht unterstellt. Nach einer Seeschlacht im Jahr 872 beim Hafrsfjord, in der Nähe von Stavanger, verstärkt Harald I. Hårfagre (Harald Schönhaar) seine Position und regiert anschließend über große Teile Norwegens.

Die Christianisierung Norwegens erstreckt sich über einen langen Zeitraum, wahrscheinlich zweihundert Jahre. Ihren Höhepunkt erreicht die Entwicklung mit den drei «Missionskönigen» – Håkon Adalsteinfostre (genannt «der Gute»), Olaf Tryggvesson und Olaf Haraldsson. Als letzterer in der Schlacht von Stiklestad im Jahr 1030 fällt, wird er als Heiliger angesehen und fortan nur mit «Olaf der Heilige» bezeichnet.

Im 12. und 13. Jahrhundert nimmt die Macht der Monarchie zu, und zum Schluss siegt sie sowohl über die Kirche als auch über die Aristokratie. Die alte

König Harald Schönhaars Schiff

weltliche Aristokratie wird von einer dienenden Aristokratie abgelöst. Während dieses Zeitraumes verschiebt sich der politische Schwerpunkt innerhalb des Landes vom Südwesten auf Distrikte um den Oslofjord.

Im 13. Jahrhundert, zur Zeit der Herrschaft König Håkons V., wird Oslo die Hauptstadt Norwegens, obwohl sie nur wenige tausend Einwohner zählte. Håkon VI. (1340–1380), Sohn des schwedischen Königs Magnus Erikson und seiner Frau Ingebjorg, der Tochter von Håkon V., ist laut Erbfolgerecht rechtmäßiger Erbe des norwegischen Throns. Er heiratet Margarete, Tochter Waldemars IV. Atterdag von Dänemark. Ihr Sohn Olaf IV. wird nach dem Tod Waldemars im Jahr 1375 zum dänischen König gekrönt.

Zu einer Union zwischen Dänemark und Schweden kommt es, als Olaf nach dem Tod seines Vaters Håkon VI. im Jahr 1380 den norwegischen Thron erbt. Ab 1450 wird Norwegen durch den Unionsvertrag fester an Dänemark gebunden. Im Jahr 1536 hört Norwegen auf, ein eigenes Reich zu sein. Die Entscheidung fällt auf einer Reichsversammlung in Kopenhagen, wo Christian III. dem dänischen Adel versprechen muss, dass Norwegen in Zukunft wie jedes andere dänische Besitztum der dänischen Krone unterstellt sein würde.

Danach steht Norwegen viele Jahrhunderte unter fremder Herrschaft. Die Loslösung von Dänemark im Jahr 1814 und von Schweden im Jahr 1905 sind wichtige Meilensteine in der norwegischen Geschichte. Das wesentliche Ergebnis der 1814 in Eidsvoll zusammengetretenen, vom Volk gewählten Reichsversammlung ist die kurz anhaltende nationale Autonomie, die die Grundlage für eine dauerhafte eigene Verfassung mit eigenen politischen Einrichtungen legt. Noch im selben Jahr wird die Unabhängigkeit von einer Union mit Schweden abgelöst. In einer Volksabstimmung im August 1905 entscheidet man sich mit überwältigender Mehrheit für die Auflösung der Union.

Prinzip: Verfassung steht über dem König

Im gesamten politischen Prozess dieses denkwürdigen Jahres ist die Monarchie zu keiner Zeit umstritten. Als zukünftige Staatsform wird sie in einer weiteren Volksabstimmung im November 1905 beschlossen. Bei der Auflösung der Union und in der Phase der Selbständigkeit wird ein wesentliches Prinzip festgelegt: Das Grundgesetz steht über dem König. Erst ist die Verfassung angenommen, danach soll der König gewählt werden. Das gibt dem System eine ideologische Basis, die wohl weit ins 3. Jahrtausend hinein bestehen bleiben wird.

Die neue Monarchie soll wie die alte erblich sein, ihr neuer «Stammvater» aber vom Storting (Parlament) gewählt werden. Am 18. November 1905 ernennt dieses den dänischen Prinzen Karl zum neuen norwegischen König. Damit wird dokumentiert, dass die Staatsform der konstitutionellen Monarchie auf einer demokratischen Grundlage aufgebaut ist. Der Zeitraum von 1905 bis zum heutigen

Frühmittelalterliche Pferdekämpfe in Norwegen

Tag kann als fortlaufende Konsolidierung des ursprünglich geschaffenen Zustandes betrachtet werden. Die Monarchie hat ihre gesetzliche Verankerung in Artikel 1 der Verfassung, in dem Norwegen als «ein Königreich» mit einer «beschränkten und erblichen monarchischen Regierungsform» beschrieben wird. Das bedeutet, dass die Monarchie nur durch Gesetz – und zwar durch Verfassungsänderung – abgeschafft werden kann.

Der neu gekrönte König nimmt den Namen Håkon VII. an und hält am 25. November 1905, zusammen mit seiner Königin Maud, der Tochter des englischen Königs Edward VII., und dem kleinen Kronprinzen Olaf – dem späteren König Olaf V. – Einzug in die norwegische Hauptstadt Oslo. Während des Zweiten Weltkrieges emigrieren der König, die norwegische Regierung sowie Teile der Verteidigungsführung und der zivilen Verwaltung nach England. Von London aus setzt die norwegische Exilregierung ihre Arbeit fort. Die Königin und die Kinder verbringen die Kriegsjahre in Washington. Nach Ende des Krieges kehrt Kronprinz Olaf am 13. Mai 1945 als erster der Königsfamilie nach Norwegen zurück. Am 7. Juni 1945 folgt König Håkon VII. und seine königliche Familie auf einem Schiff der britischen Marine. Bei ihrer Ankunft in Oslo werden sie von jubelnden Volksmassen begrüßt.

Nach dem Tod von König Håkon VII. am 21. September 1957 folgt König Olaf V. auf den Thron und wird Staatsoberhaupt. Seine Frau, Kronprinzessin Märtha, erlebt die Krönung nicht mehr, da sie 1954 verstorben ist. Ihr gemeinsamer Sohn, Kronprinz Harald, wird am 21. Februar 1937 auf dem Gut Skaugum, das auch heute noch das Zuhause der Königsfamilie ist, geboren. Für die norwegische Bevölkerung ist diese Geburt ein historisches Ereignis, denn nach 567 Jahren ist er der erste Prinz, der in Norwegen geboren wurde.

Erbprinz Harald wird planmäßig dazu erzogen, die ihm durch Geburt auferlegte Verantwortung zu tragen. Auf der einen Seite wird er auf ein Leben als Hüter der königlichen Traditionen vorbereitet; gleichzeitig wächst er mit einer

Nein, das ist nicht Haralds Königskrone, sondern eine norwegische Brautkrone aus dem 18. Jh.

starken persönlichen Verankerung im Volke und seiner eigenen Zeit heran – alles in Übereinstimmung mit den Traditionen moderner konstitutioneller Monarchien.

Kronprinz Haralds bürgerliche Heirat festigt Monarchie

Als König Olaf V. im Jahr 1968 bekannt gibt, dass Kronprinz Harald eine Frau bürgerlicher Herkunft heiraten will, wittern die Monarchiegegner eine Gelegenheit, die Zukunft der norwegischen Monarchie in Frage zu stellen. Doch König Olaf V. hat bereits vorher mit Mitgliedern des Kabinetts und dem Ministerpräsidenten sowie den Fraktionsführern des Stortings über ihre Zustimmung zur Heirat beraten. Die Reaktionen sind positiv. Es sagt viel über die Stellung des Königshauses und die Person von Sonja Haraldsen aus, dass sie von einer überwältigenden Mehrheit der Bevölkerung mit spontaner Begeisterung akzeptiert wird.
Sie wird zum natürlichen Bestandteil des nationalen Symbols der Geschlossenheit, das die königliche Familie in Norwegen darstellt. Die Verlobung findet am 19. März 1968 statt, und die Hochzeit folgt am 29. August 1968. Danach übernimmt Kronprinzessin Sonja einen wesentlichen Teil der Repräsentationspflichten sowohl in Norwegen als auch im Ausland.
Bereits wenige Tage nach dem Tod seines Großvaters, König Håkon VII., nimmt Kronprinz Harald gemeinsam mit seinem Vater, König Olaf V., einen festen Platz im Staatsrat ein, und sie ergänzen einander auch bei den umfassenden offiziellen Aufgaben, die dem Königshaus obliegen. Der Kronprinz ist Stellvertreter des Königs. Nach der Erkrankung König Olafs V. im Frühjahr 1990 und während dessen Rekonvaleszenz leitet der Kronprinzregent die Staatsratssitzungen und übernimmt auch andere Aufgaben des Königs.
Nachdem König Olaf V. am 17. Januar 1991 gestorben ist, legt König Harald seinen Eid auf die Verfassung ab. Königin Sonja begleitet ihn bei diesem historischen Ereignis. Zu dieser Zeit ist es 69 Jahre her, seit eine Königin den Parlamentssaal betreten hat. Das Königspaar nimmt gemeinsam auch an der feierlichen Parlamentseröffnung 1993 teil. Wie sein Großvater, König Håkon VII., und sein Vater Olaf V. stellt auch er seine Herrschaft unter das Motto: «Alles für Norwegen» *(Alt for Norge).*
Am 23. Juni 1991 wird König Harald auf eigenen Wunsch im Nidaros-Dom zu Trondheim gesegnet. Auch Königin Sonja nimmt den Segen der Kirche entgegen. Mit der Geburt des Prinzen Håkon 1973 ist die norwegische Thronfolge auch für die nächste Generation gesichert.

Holzbau und andere Künste

Malereien auf blank polierten Felsen weisen auf eine Besiedlung schon in der älteren Steinzeit hin. Die von den Wikingern auf ihren Entdeckungsreisen übernommene und weiterentwickelte Zimmermannskunst (Schiffe, Holzbauten und Königshallen) befruchteten den christlichen Sakralbau.

Im 17. und 18. Jahrhundert entwickelte sich in ländlichen Gebieten eine reiche Volkskunst: Schnitzereien an Bauernhäusern und Kirchen, vor allem aber die bäuerliche «Rosenmalerei» als Dekor für Wände und Möbel oder auf Geschirr. Einen Neubeginn erlebte die Kunst mit der neoklassischen Architektur im 19. Jahrhundert.

Der Maler und Graphiker Edvard Munch (1863–1944) gilt als ein Wegbereiter des europäischen Expressionismus. Sein Atelier am Oslofjord, wo der große Meister einige seiner eindrucksvollsten Gemälde schuf, und das Munch-Museum stehen für den Besucher offen.

Von der altnorwegischen Literatur, der Saga- und Skaldendichtung, sind nur noch Fragmente erhalten. Die eigentliche Nationalliteratur entstand erst im 19. Jahrhundert. Die reiche Volksdichtung erlebte dabei ihre Wiederentdeckung. Henrik Ibsen (1828–1906) verlieh dem europäischen Drama starke Impulse.

Henrik Ibsen (1828–1906), im 19. Jh. Norwegens bedeutendster Schriftsteller und einer der wichtigsten Dramatiker Europas

Munch, Ibsen, Grieg & Co.

Beim alljährlichen Festival zu Ehren des Dichters kann man in Oslo an auserlesenen Inszenierungen von Henrik Ibsens Dramen teilnehmen. Oder am Golavatnet-Theater in Gola eine Aufführung mit seiner Titelheldenfigur «Peer Gynt» verfolgen. Auch beim alljährlich stattfindenden Peer-Gynt-Festival im Gudbrandsdal erhält man einen guten Einblick in die Schaffenskunst des Henrik Ibsen.

Bedeutende norwegische Epiker erhielten den Literatur-Nobelpreis; 1903 Bjørnstjerne Bjørnson (1832–1910) für seine Romane und Dramen, 1920 der politisch umstrittene Knut Hamsun (1859–1952) für seinen von Naturverbundenheit und Zivilisationshass geprägten Roman «Segen der Erde» und 1928 Sigrid Undset (1882–1949) für «Kristin Lavranstochter».

Beim ebenfalls jedes Jahr stattfindenden

internationalen Musik-Festival in Bergen kann man Konzerte mit romantischen Kompositionen von Edvard Grieg (1843–1907) genießen. Oder sein geliebtes Heim in Troldhaugen, wo er 22 Jahre seines Lebens verbrachte und das heute eine Musikhochschule beherbergt, sowie das Grieg-Museum besichtigen.
Im 20. Jahrhundert machte Gustaf Vigeland mit seinen Monumentalskulpturen von sich reden. In dem großzügig angelegten Vigelandpark, einem Teilbereich des Frognerparks in Oslo, ist der größte Teil seiner Werke ausgestellt. Die über 200 Figuren aus Stein und Bronze zeichnen den Lebenszyklus und die Gefühle nach. Durch den Brunnen des Lebens, den Monolith und die Brücke mit den Figuren zeigt der Künstler, wie ähnlich sich doch die Menschheit der ganzen Welt ist.
Die Norweger sind stolz auf ihre zeitgenössische Kunst, auf das moderne Kunsthandwerk, wie auf die traditionelle Kultur und Volksmusik. Sie möchten ihren Gästen nichts vorenthalten und dabei zum Mitmachen animieren. Darum werden beispielsweise alle Gäste des Landes zum Mitsingen und Mittanzen am Johannisfeuer in der Mittsommernacht in das Freilichtmuseum Maihaugen in Lillehammer eingeladen.
Das Kulturangebot ist sehr vielfältig; so bummeln Sie doch einmal durch die traditionsreichen engen Gassen von Røros, einem der vier UNESCO-Kulturdenkmäler in Norwegen. Oder lauschen Sie in der Konzerthalle von Oslo dem vollen Klang des weltbekannten Osloer Philharmonischen Orchesters.

Holzbaukunst dank Schiffsbaukunst der alten Wikinger

Der architekturgeschichtliche Beitrag Norwegens ist überwiegend in den Holzhäusern zu finden. Interessant für die Norwegenbesucher sind vor allem die hölzernen Stabkirchen aus dem Mittelalter.
Vor mehr als 150 Jahren wurden die Stabkirchen von den Malern Flintoe und Dahl «wiederentdeckt». Um die Stabkirchen und Ruinen vor dem Zerfall durch Witterungseinflüsse zu schützen, begann in den letzten Jahrzehnten ein Wettlauf mit der Zeit.
Die Wikinger galten als die besten Seefahrer ihrer Zeit. Was sie bei ihren ausgedehnten Streifzügen vorfanden und was ihnen ihre eigenen holztechnischen Fähigkeiten ermöglichten, fand in den Stabkirchen seinen Niederschlag. Auch christliche und heidnische Einflüsse, zum Beispiel Drachenköpfe an den Giebeln, prägen den eigentümlichen norwegischen Typus der Stabkirchen.

Im Mittelalter 1000 Stabkirchen

Im bevölkerungsarmen Norwegen gab es im Mittelalter ungefähr 1000 meist kleine Stabkirchen. Heute sind noch etwa 30 erhalten. Diese Alternative zur Steinkirche war weniger aufwendig und das Baumaterial fand man direkt vor der Tür. Die Vielzahl dieser kleinen Kirchen deckte somit den Bedarf für die weit verstreute Landbevölkerung. Während der gleichen Zeitperiode gab es ungefähr 250 Steinkirchen, die nur in den größeren Siedlungen, den wenigen Städten oder im kargen Norden des Landes errichtet wurden.

Die Stabkirchen tragen ihren Namen nach ihrer Bauweise. Beim Stabbau werden die Rundhölzer senkrecht aufgestellt, im Blockbau hingegen sind die Rundhölzer waagerecht aufeinander befestigt. Die Blockbauwand sinkt etwa um fünf Prozent und wird dabei umso dichter, die Stabbauwand (senkrechte Bauweise) sinkt/schrumpft wenig, deshalb ist sie besonders für hohe Bauten geeignet. Beim Stabbau sind die Stäbe/Säulen im Boden eingelassen oder freistehend auf dem Boden, auf Steinsockel/Mauerwerk oder in Bodenschwellen eingezapft. In der letzten Errichtungsstufe wurden die Stabkirchen erhoben über festen Boden (Bodenplatte aus Felssteinen oder Mauerwerk) erbaut.

Stabkirche der Borgund-Gruppe

Stabkirchen ähnlich wie Pagoden gebaut

Die Bauweise der Stabkirchen ähnelt jener der Pagoden. Bei den Pagoden ist nur der Mittelstab durchgehend, und die Eckstäbe haben aufgrund des verjüngenden etageweisen Aufbaus nur Etagenhöhe. Bei den Stabkirchen hingegen sind alle Stäbe durchgehend und der Innenraum ist in voller Höhe offen. Für die Stabilisierung und Versteifung der Masten/Säulen/Stäbe sorgten die sogenannten *«Knien»* (gespaltene Wurzel- oder Astwinkel), die auch im Schiffsbau der Wikinger verwendet wurden. Die überwiegend sehr steilen Dächer (Reduzierung der

Schneelast) wurden mit hölzernen Schindelabdeckungen versehen.
Die Stabkirchen gliedern sich in den A-Typus – meistens einschiffige Bauweise mit nur einem Mittelmast und Eckstäben oder mit Eckstäben und Wandzwischenstäben – und den B-Typus – mit Eckmasten, Säulen und Stäben mit erhobenem Mittelraum. Beim A-Typus findet man nur bei der Stabkirche von Nore byzantinische Einflüsse (halbrunder Anbau). Beim B-Typus sind sowohl byzantinische als auch gotische Einflüsse (Söller, Dachreiter, Turm) vorhanden.
Zum A-Typus gehören die Stabkirchen von Undredal, Rollag, Reinli, Heddal, Eidsborg, Røldal und Uvdal. Der B-Typus untergliedert sich nochmals in die Kaupanger- und die Borgund-Gruppe. Zur Kaupanger-Gruppe gehören die Stabkirchen von Kaupanger, Urnes, Hopperstad und Lom. Zur Borgund-Gruppe zählen die Stabkirchen von Borgund, Torpo, Hegge, Lomen, Flesberg, Ringebu und Vågå (wurde 1627 neu erbaut).

Nicht nur für religiöse Zwecke

Die Stabkirchen wurden vermutlich im 11. und 12. Jahrhundert auch als allgemeine Versammlungsstätten genutzt, denn der Innenausbau mit Holzboden, Galerie/Empore, Kanzel, Baldachin und Innenmalereien erfolgte meist Jahrhunderte später. Vergleiche mit den mittelalterlichen Grundrissen zeigen, dass vermutlich mit Anwachsen der Bevölkerung die Stabkirchen über Jahrhunderte immer wieder umgebaut oder durch Erweiterungen und Anbauten verändert wurden.
Heute weiß man den Wert der alten Kulturdenkmäler zu schätzen, deshalb werden größte Anstrengungen und Investitionen aufgewendet, um das Vorhandene zu erhalten. Dabei werden morsche Balken, Treppen, Geländer, Türen naturgetreu nachgebaut und das Holz wird gegen Witterungseinflüsse imprägniert. Manchmal wird dabei auch übertrieben und die Außenhaut der Gebäude so dick mit Bitumen überstrichen, dass keine Holzmaserung mehr zu erkennen ist.
In einigen Stabkirchen finden auch heute noch Messen oder Trauungen statt, die meisten erhaltenen dienen jedoch als Heimatmuseen. Teilweise sind nur kleine Bereiche für den Besucher freigegeben und das Betreten ist mit strengen Auflagen und Verboten verbunden. Neben dem grundsätzlichen Rauchverbot innen und außen ist auch das Fotografieren und Filmen mit künstlichem Licht nicht erlaubt.
Die alten Holzhäuser wurden in den traditionellen norwegischen Bauweisen errichtet. Das Baumaterial war Kiefernholz, das aus den nahe gelegenen Wäldern geholt oder über die Flüsse herantransportiert wurde. Zur Anwendung kam je

Norwegische Holzbaukunst: Solche Speicherhäuser können bis 400 Jahre alt sein

nach Nutzung die Block-, Stab- oder Skelettbauweise.

Blockbauwand und Stabbauwand

Die Blockbauwand – hierbei werden die Rundhölzer waagerecht übereinander errichtet – sinkt etwa um fünf Prozent, wird dabei umso dichter und ist für niedrigere Häuser (Blockhütten) geeignet. Die Stabbauwand – hierbei werden die Rundhölzer senkrecht aufgestellt und miteinander verbunden – sinkt und schrumpft wenig, deshalb ist sie besonders für hohe Bauten über mehrere Stockwerke geeignet. Selten sieht man Gebäude mit beiden Bauformen, die im unteren Gebäudeteil in Stabbauweise und im oberen Teil, meistens dem Wohnbereich, in Blockbauweise errichtet wurden.
Am häufigsten verbreitet ist jedoch die «Skelettbauweise», bei der aus einer Kombination von tragenden Stäben und verbindenden waagerechten Hölzern eine Tragrahmenkonstruktion errichtet wird, die dann mit vorgehängten waagerechten Bohlen oder Brettern einen unabhängigen Wetterschutz bilden.
Nachfolgend sollen in diesem Kapitel die älteren, noch vorhandenen hölzernen Bausubstanzen an einigen Beispielen aufgezeigt werden, ausgenommen der bereits beschriebenen Stabkirchen.

Die Speicherhäuser in Trondheim an der Nidelvmündung sind auf unzähligen, in den Boden des Flussufers gerammten Holzpfählen errichtet. Aus Platzgründen im Uferbereich wurden alle Gebäude mit der Giebelseite zum Fluss zeigend direkt nebeneinander gebaut. Der Abstand zwischen den Gebäuden beträgt oftmals weniger als einen Meter.
Wegen der zu erwartenden hohen Nutzlasten musste die Stabbauweise mit Stäben aus Rundhölzern, die teilweise über drei Etagen reichten, angewendet werden. Durch diese stabile Bauweise konnte so mit einem ausschwenkbaren Ladebaum von jeder Etage aus ein Schiff, das direkt am Haus festgemacht hatte, entladen werden.
Die Dächer waren anfangs mit Holzschindeln gedeckt, später gab es Ziegeldächer, die dann nachfolgend durch eine Blechabdeckung abgelöst wurden. Im Laufe der Zeit hat sich die Nutzung der alten Lagerhäuser geändert, nach entsprechenden Umbauten befinden sich nun Geschäfte, Firmenniederlassungen und Wohnungen in den ehrwürdigen Bauten.

Bergens Handels-, Speicher- und Hansehäuser

Die alten Handelshäuser in Bergen, die nach dem Großbrand im Jahr 1702 im

Kaufmannsviertel Tyskebryggen errichtet wurden, stehen dicht gedrängt, wie an einer Kette aufgereiht, am Hafenbecken. Direkt dahinter befinden sich die dazugehörenden Lagerhäuser für Stockfisch, das Haupthandelsgut der damaligen Zeit.
Die historischen Gebäude aus der Blütezeit des Hanseatischen Kontors wurden in die UNESCO-Liste der bedeutendsten Kulturdenkmäler der Welt aufgenommen. Die Handelshäuser und die Speicherhäuser wurden in den traditionellen Holzbauweisen der damaligen Zeit errichtet. Die Hansehäuser beherbergten im Erdgeschoss das Handelskontor und in den darüber liegenden Stockwerken den Wohnraum der Kaufleute und des Personals. Die Bauten konnten daher in der leichteren Skelettbauweise errichtet werden. Wegen der hohen Bodenbelastung musste die Bauweise der Speicherhäuser hingegen stabiler ausfallen, weshalb überwiegend die Stabbauweise angewendet wurde.

Das Wappen der Hansestadt Bergen

Rote Fischerhütten

Die einstöckigen Fischerhütten *(Rorbus)*, entstanden um 1900 auf den Lofoten, als dort die Fischerei ihren Höhepunkt erlebte. Die einfachen roten Hütten mit den auffällig weißen Fensterrahmen dienten den Fischern aus allen norwegischen Landesteilen von Januar bis März als Unterkünfte. Die Häuser und Hütten wurden hier aus Kostengründen in der leichten Skelettbauweise errichtet. Nachdem die Lofotfischerei zurückging, baute man viele dieser Rorbus als Ferienhäuser um. Während sich am Äußeren der Häuser nichts änderte, wurden im Inneren entsprechende zusätzliche Isolierungen vorgenommen, Heizungen, fließendes Wasser und Küchen eingebaut.
Eine geschmackvolle Einrichtung und praktische Ausstattung für «Selbstversorger» machten die Rorbus zu beliebten Urlauberunterkünften. In Nusfjord, einem kleinen Fischerort an der Lofot-Ostküste, konnten von den ehemals 60 Rorbus 28 in ihrer ursprünglichen Art erhalten werden. Der gesamte Ort wurde

Bild Seite 105: *Die Steinkirche von Dombas wurde 1939 fertiggestellt. Das äußere Erscheinungsbild ist dem der Stabkirchen nachempfunden, und beim Bau wurde nur das blaugraue Felsgestein aus dem Dovregebirge verwendet*

deswegen in die UNESCO-Liste der bedeutendsten Kulturdenkmäler der Welt aufgenommen.

Blockhaus mit Grasdach

Die auffällige Blockbauweise, die für Wohnhäuser und Bauernhöfe im Gudbrandsdal über Jahrhunderte angewandt wurde, kann im Freilichtmuseum Maihaugen in Lillehammer besichtigt werden. Über 140 alte Gebäude aus den unterschiedlichsten Gebieten des Gudbrandsdals und aus der Umgebung von Lillehammer wurden hier zu einem kompletten Dorf aufgebaut. Unter ihnen befindet sich auch die im Jahr 1459 erbaute Fiskerkapelle, das älteste Blockhausgebäude Norwegens.

Die meisten Blockhäuser haben ein mit Gras und niederem Buschwerk bewachsenes Dach. Die bis zu 30 Zentimeter dicke Schicht aus Erde und Wurzelwerk wirkt als natürliche Isolierung. Um den offenen steinernen Kamin, der vom Wohnraum beheizt wurde, schlossen sich die anderen Räume an, sodass dadurch alle Räume warm wurden. Die Innenräume sind überwiegend mit dünnen Holzbrettern verkleidet, und der Fußboden besteht aus dicken Bohlen. Die Fenster sind ziemlich klein, was bewirkt, dass es im Inneren der Gebäude recht dunkel ist. Einzelne Bauernhöfe und Almhütten im nördlichen Gudbrandsdal wurden in der gleichen Blockbauweise errichtet wie die Gebäude aus dem 12. und 13. Jahrhundert. Viele der bewirtschafteten und bewohnten Gebäude können bis zu 400 Jahre alt sein, stehen aber trotzdem noch genauso fest wie früher, dies dank der Besitzer, die über Generationen hinweg ihr Erbe bewahrt und ihre Ehre daran gesetzt haben, die Kulturtradition durch Instandhaltung der alten Gebäude aufrechtzuerhalten.

Auf Pfosten gebaut

Die alten hölzernen Vorratsspeicher *(Stabbur)* sind vielerorts im ländlichen Südnorwegen anzutreffen. Die Speicherhäuser wurden je nach örtlich vorhandener Handwerkskunst in Block- oder gemischter Bauweise errichtet und vielfach – wie im Schweizer Wallis – zum Schutz gegen Nagetiere auf pilzförmige Pfosten gestellt. Stand kein felsiger Untergrund zur Verfügung, wurde der Boden mit Steinplatten befestigt. Die auffällige Bauweise erinnert an einen umgedrehten Zuckerhut, denn die Bodenfläche der oberen Etage misst das Doppelte der unteren Grundfläche. Den so entstandenen Gebäudeüberstand nutzte man zum Trocknen des Feuerholzes, das entlang

Textfortsetzung Seite 129

Seite 106:
Im westlichen Teil des Dovrefjell-Nationalparks lebt eine Herde wilder Moschusochsen. Die nur etwa 120 cm großen Tiere mit dem zotteligen und dichten Fell bevorzugen im Sommer die kühleren und höheren Bergregionen. Zur Zeit der Jungtieraufzucht sind die Bullen sehr gereizt und aggressiv; halten Sie einen Sicherheitsabstand von mindestens 100 m ein. Der Dovrefjell-Nationalpark wurde zum Schutz von Flora und Fauna der Bergregion angelegt

Seite 107:
Mit einer Pferdekutsche zum Briksdalsbreen, dem bekanntesten Gletscherarm des riesigen Jostedalsbreen! Den letzten Teil des Aufstiegs – etwa 500 m – müssen Sie aber auf eigenen Füßen und im Schweiß ihres eigenen Angesichts bewältigen

Legenden Seiten 108–113 s. S. 114

Bitte zählen Sie nach und Sie wissen, warum diese Wasserfälle im Geirangerfjord unter dem Namen «Sieben Schwestern» bekannt sind. Sie sind vom Schiff aus gut zu sehen, aber nur zur Zeit der Schneeschmelze am Gettfjellet vollzählig

Seiten 108/109:
Der Briksdalsbreen kalbt in einen kleinen See, wo das Eis zu Wasser wird und sich schließlich über einen Wasserfall ins Tal ergießt. Der Gletscher verändert jedes Jahr, je nach Witterung, sein Aussehen und die Größe. Dort wo der Gletscher kalbt, entstehen durch Sonneneinstrahlung und unterschiedliches Abtauen sehr bizarre Eisformen. Die Blaufärbung des Eises hängt damit zusammen, dass bei Sonnenschein das Eis nur kurze, streufähige Wellen durchlässt und den langwelligen Anteil (rot und gelb) absorbiert. Härte und Dichte des Eises bestimmen die Intensität der Blaufärbung

Doppelseiten 110/111 und 112/113:
Norwegische Bergfarben: Einen Sonnenaufgang im Hochgebirge zu erleben, so wie hier am Dalsnibba, südlich von Geiranger, ist nichts für Langschläfer, denn bereits zwischen 4 und 5 Uhr heißt es Aufstehen. Unzählige Steinhaufen in unterschiedlicher Größe erscheinen im vollen Tageslicht wie kleine Wachtürme in einer Landschaft von einem anderen Stern

Bild rechts und nächste Doppelseite: *Die «Adlerstraße» ist eine Serpentinenstraße, die von Geiranger auf das nördliche Hochplateau führt. Von den zahlreichen Aussichtspunkten an der Straße hat man einen herrlichen Ausblick auf den Ort Geiranger und den Fjord gleichen Namens. Vom östlichen Aussichtspunkt am Flydalsjuvet eröffnet sich eine einmalige Perspektive in das Geirangertal mit seinem weltweit bekannten Fjord, wie das Panoramabild beweist*

Bild links:
Bei Alstad an der «Goldenen Route» stoßen wir auf den Skjærsura-Fossen. Seine Wassermassen drängen sich hier mit ohrenbetäubendem Lärm durch die enge Felsschlucht

Bild rechts:
Freilebende weiße Ziegen, wie hier bei Valldal, sehen Sie recht selten, obwohl sie Bestandteil der Kleinviehhaltung bei den Bergbauern sind, die aus der Milch einen begehrten Ziegenkäse herstellen

nächste Doppelseite: *Von der Plattform am Trollstigheimen, einem 862 m hohen Pass, haben Sie eine herrliche Aussicht auf die elf Kehren der Trollstigen und das u-förmige Isterdal*

übernächste Doppelseite: *Ålesund, die Stadt im Jugendstil, präsentiert sich im interessanten Licht der untergehenden Sonne. Der Hausberg Aksla bietet die beste Aussicht auf die Stadt, die nahen Fjorde und die vielen vorgelagerten Inseln*

SCANDIC HOTEL

Auf der Vogel-insel Runde, südwestlich von Ålesund, brüten viele verschiedene Vogelarten. Auch die seltene Große Raubmöwe ist hier anzutreffen

Viele tausend Papageitaucher-Pärchen brüten an der steilen felsigen Westküste von Runde. Auf den Felsen in der Brutkolonie herrscht ein reges Treiben der taubengroßen Meeresvögel. Der Papageitaucher ist ein geschickter Fischfänger. In seinem bunten charakteristischen Schnabel sammelt er unter Wasser bis zu acht kleine Fische, die er an seinen Nachwuchs verfüttert

nächste Doppelseite: *Einige der alten hölzernen Speicherhäuser am Nidelv-Fluss in Trondheim haben kriegerische Auseinandersetzungen und große Stadtbrände überdauert*

ARKITEKTENE
FASTING, NOS & SELMER A.S

Noch bis Mitte Juni herrscht winterliche Stimmung am Majavatnet, einem See an der E 6 nördlich von Grong. Vorrangig Angler nutzen die Ferienhäuser am See

der unteren Außenwand aufgeschichtet wurde. Die Dächer sind, wie bei den alten Blockhütten, mit Gras und niedrigem Buschwerk bewachsen.
Der untere Gebäudeteil wurde als Geräte- und Werkzeuglager oder für die Kleintierhaltung genutzt. Im größeren oberen Teil wurden hauptsächlich Getreide, Hülsenfrüchte sowie getrockneter Fisch gelagert. In der heutigen Zeit werden die Speicherhäuser immer seltener für ihre ursprüngliche Nutzung verwendet. Teilweise hat man die obere Etage als Fremdenzimmer hergerichtet, die dann in den Sommermonaten an Touristen vermietet werden. Auch am Äußeren der Speicherhäuser wurde einiges verändert. So wurden morsche Balken und Treppen erneuert und mit geschnitzten Ornamenten versehen oder in fröhlichen Farben und mit bunten Mustern bemalt. Teilweise entstanden so wahre Schmuckstücke, die zu begehrten Fotomotiven avancierten.

Holzbau nach wie vor beliebt

Die Norweger bevorzugen in den Küstenregionen und ländlichen Landesteilen ihre traditionellen Holzhäuser. Der Vorteil der Holzbauten liegt in der schnelleren und kostengünstigeren Bauweise, weil das Baumaterial aus unmittelbarer Nähe herbeigeschafft werden kann. Die Variantenvielfalt reicht vom massiven Blockhaus bis zur traditionellen, rot gestrichenen Fischerhütte in Leichtbauweise.
In den alten Stadtteilen der größeren Städte findet man noch Bausubstanzen aus vergangenen Jahrhunderten. Die wenigen Holzhäuser, welche die großen Stadtbrände ab dem 16. Jahrhundert überstanden haben, stehen heute unter Denkmalschutz. Einen Überblick, wie die Bauern- und Bürgerhäuser aus der Zeit von 1700 bis 1800 ausgesehen haben, erhält man in den Freilichtmuseen von Bergen (Gamle Bergen) und Oslo (Norwegisches Volksmuseum) sowie in den engen Gassen von Gamle Stavanger. Einige neuzeitliche Holzhäuser im Fjordland sind im «Schweizer Stil» gebaut. Besondere Merkmale sind die rechtwinkligen Anbauten, der Überbau der ersten Etage, die steilen, überstehenden Dächer mit den verzierten Blenden, die Wohnnutzung des Dachraumes sowie die verzierten Tür- und Fensterblenden. Für den nordischen Touch sorgen der rotweiße Außenanstrich und die Drachenköpfe an den Giebelenden.

Holzbaunachteil: Stadtbrände

Nach den großen Stadtbränden in Oslo (1624), Trondheim (1681) und Bergen

(1702) erfolgte der Wiederaufbau vereinzelt bereits mit Steinen als Baumaterial. Teilweise wurde der Abstand zwischen den Häusern vergrößert oder die Straßen verbreitert (wie z.B. in Trondheim), um ein Übergreifen der Flammen bei erneutem Brand zu verhindern. Nach den letzten Großbränden in Ålesund (1904) und Bergen (1916) wurden dort fast keine Holzhäuser mehr aufgebaut. In Ålesund entstanden Häuser im Jugendstil und in Bergen ein neues Hafenviertel mit Steinhäusern.

In den Städten setzten sich in den letzten Jahrzehnten Gebäude aus Stein, Beton und Glas durch. Eines der bekanntesten Bauwerke dieser neuen Generation ist das 1950 fertig gestellte Rathaus und Wahrzeichen von Oslo.

Nach der Entdeckung reicher Erdölvorkommen in der Nordsee stieg wie die Ölförderung auch die Bedeutung Stavangers zur norwegischen «Ölhauptstadt». Das «Dallas des Nordens» präsentiert sich heute mit einer Hochhaus-Skyline aus Glas und Beton am See Breiavatn.

Im Innern der Holzbau-Stabkirche Borgund

Wie Sie Ihr Holzeigenheim bauen

Außerhalb der Metropole setzt man beim Errichten von Eigenheimen zunehmend wieder auf die Holzbauweise. Fertigkeiten der Holzverarbeitung wurden über Jahrzehnte von Generation zu Generation weitergegeben; kombiniert mit neuesten Techniken kann so ein Haus in kürzester Zeit entstehen. Die ausgefeilte und faszinierende Technik des Hausbaus (Rohbau) soll hier auszugsweise beschrieben werden.
Da die wenigsten Gebäude unterkellert sind, genügt als Fundament eine Bodenplatte aus Beton. Die Ver- und Entsorgungsleitungen sind dabei bereits in der Bodenplatte integriert, damit ein späterer Anschluss für Küche und Bad etc. erfolgen kann. Alles, was nun auf der Bodenplatte errichtet wird, besteht aus Holz. Im Gegensatz zu unserer Bauweise, bei der unterschiedliche Balken, Bretter und Bohlen verwendet werden, wird in Norwegen nur eine Sorte verwendet, meist etwa drei Zentimeter dicke, 20 Zentimeter breite und ungefähr fünf Meter lange Bohlen. Mehrere Tieflader transportieren jeweils eine riesige Menge solcher «Einheitsbohlen» direkt zur Baustelle. Die Zimmerer verarbeiten mit Kreissägen und nach den Bauplänen das Holz vor Ort. Wird zum Beispiel ein Eckbalken mit einem Querschnitt von 9 mal 20 Zentimeter benötigt, dann werden drei Bohlen mit je drei Zentimeter Dicke zusammengeschraubt. Wird ein mehr als fünf Meter langer Balken benötigt, werden die Bohlen versetzt verschraubt. Soll ein senkrechter Balken mit einem waagerechten verbunden werden, kommt die «Zapfentechnik» zum Zuge: Beim Verschrauben der Bohlen zum Balken wird bei einem Balken die innere Bohle um 20 Zentimeter länger und beim Anschlussbalken die innere Bohle um 20 Zentimeter kürzer belassen.
Die stehenden Eckbalken und Stützen werden mit Winkelblechen an der Bodenplatte befestigt. Hierbei werden Stahlbolzen mit einem Bolzenschussgerät in den Beton gejagt. Der Abstand zwischen den Balken und Stützen sowie Decken- und Dachträgern beträgt jeweils 50 Zentimeter. Alle Verbindungen und Versteifungen werden zusätzlich mit Winkelblechen befestigt. Rigipsplatten, die auf die Stützen und Balken geschraubt werden, bilden die erste Außenwand.
Von der Innenseite werden die Hohlräume mit Steinwolle (Isolierung) ausgekleidet und anschließend auch mit einer Rigipsplatte abgedeckt. Der Wandaufbau ist damit abgeschlossen. Bei der Decke wird ähnlich verfahren, nur werden auf der oberen Deckenseite anstatt Rigipsplatten Bohlen verwendet. Drei bis fünf Zimmerer errichten in dieser Technik innerhalb weniger Wochen den kompletten Rohbau eines Einfamilienhauses.

Leben im Alltag

In Norwegen leben auf einer Fläche von 325 000 Quadratkilometern (ohne die arktischen Gebiete) über vier Millionen Menschen, das ergibt eine Bevölkerungsdichte von 13 Einwohnern pro Quadratkilometer. Mit dieser Dichte zählt Norwegen zu den am dünnsten besiedelten Ländern in Europa. Die meisten Norweger leben und wohnen im Südosten des Landes und in den Küstenstädten. Am Oslofjord und im Ballungszentrum um Oslo wohnt rund ein Sechstel der Bevölkerung. Die Samen, die überwiegend in der Finnmark leben, machen nur etwa ein Prozent der gesamten Bevölkerung aus.

Norwegen ist eines der führenden Erzeugerländer von Aluminium, Magnesium, Ferrolegierungen sowie Chemikalien und ein wichtiger Erdöl- und Erdgaslieferant Westeuropas. Und nur in wenigen Ländern wird so viel Kunstdünger produziert wie in Norwegen. Wasserkraft und ausgedehnte Wälder machten die Zellstoff-, Papier- und Kartonagenherstellung zu einem wichtigen Wirtschaftszweig. Das außergewöhnlich rauhe Klima der Nordsee zwang norwegische Erdölgesellschaften zur Entwicklung neuer Techniken für die Offshore-Exploration und Öl-/Gasgewinnung. Das norwegische Know-how im Bereich der Energieerzeugung ist weltweit gefragt.

Bis in die Gegenwart haben sich die Norweger dem Meer verschrieben. Fischfang und Schifffahrt, ihre traditionellen Erwerbsgrundlagen, erhielten erst seit Anfang der Siebzigerjahre Verstärkung durch die Erdöl- und Erdgasvorkommen aus dem norwegischen Kontinentalsockel unter der Nordsee. Diese neuen Reichtümer erbringen ungefähr 50 Prozent der Exporteinnahmen und machen Norwegen zu einem der wohlhabendsten Länder Europas. Weitere wichtige Industriezweige sind die elektrochemische Industrie, die Aluminiumerzeugung, der Maschinen- und Schiffsbau sowie die Papierindustrie. In geringem Umfang werden Eisen-, Titan-, Kupfer- und Zinkerz sowie Steinkohle abgebaut. Der Elektrizitätsbedarf wird fast ausschließlich durch Wasserkraft gedeckt. Ohne diese natürlichen Energiequellen hätte sich die moderne norwegische Industrie nicht entwickeln können. Die Haupteinfuhrgüter sind Maschinen, Fahrzeuge und elektrotechnische Erzeugnisse sowie Konsumgüter.

Viertgrößte Flotte der Welt – gemeint ist natürlich die Handelsflotte

Bedeutender als die Fischereiflotte ist die norwegische Handelsflotte, die mit ihren rund 1500 Schiffen die viertgrößte der Welt ist. Die meisten Tanker, Massengutfrachter und Containerschiffe werden auf den internationalen Haupthandelsrouten eingesetzt. Außerdem bieten norwegische Betriebe in bedeutendem Umfang Ausrüstungen und Dienstleistungen für Schiffe auf der ganzen Welt an.

Rund sieben Prozent der Erwerbstätigen sind in der Land- und Forstwirtschaft sowie im Fischereiwesen tätig. Zumeist kleine Familienbetriebe bauen Gerste, Hafer, Kartoffeln, Gemüse und Obst an. Dadurch kann ein großer Teil des Nahrungsmittelbedarfs der norwegischen Bevölkerung gedeckt werden. Forstwirtschaft und Fischzucht werden von den Landwirten oft zusätzlich betrieben. Norwegens Anteil am weltweiten Fischfang beträgt etwa fünf Prozent. Zunehmend werden Fische in Zuchtanlagen, die in den Fjorden schwimmend verankert sind, großgezogen. Der Zuchtlachs aus Norwegen ist mittlerweile ein weltweit begehrtes Produkt.

Große Teile der norwegischen Wirtschaft machen sich die natürlichen Ressourcen des Landes zunutze. Gleichzeitig sind nur wenige europäische Staaten mehr auf den Außenhandel angewiesen als Norwegen. Um die Herausforderungen der Zukunft bewältigen zu können, haben Forschung und Entwicklung einen hohen Stellenwert in Wirtschaft und Politik.

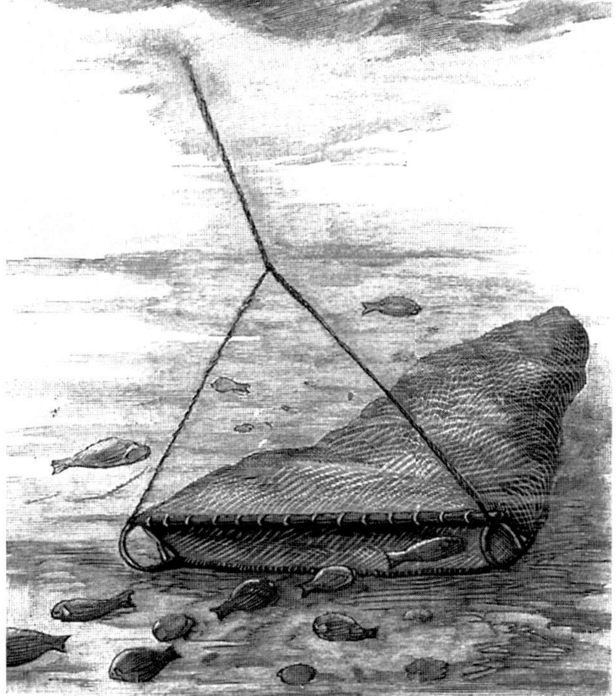

Norwegischer Fischdampfer Ende 19. Jh.

Rund ein Prozent des norwegischen Bruttosozialprodukts wird für die Unterstützung der ärmsten Länder der Welt verwendet, teils als Direktleistungen an die Empfängerländer, teils durch Beiträge an verschiedene UN-Organisationen. Der Schwerpunkt der norwegischen Entwicklungshilfe liegt in den Bereichen Gesundheitswesen, Familienplanung, Forschung und Wirtschaftsförderung.

Zurückhaltende Menschen und berechtigter Landesstolz

Die Norweger sind ein eher zurückhaltendes Volk im Gesamtbild Europas. Sie sind stolz auf ihr Land der vielen Gegensätze, der steil emporragenden Berge, atemberaubenden Fjorde, riesigen eisblauen Gletscher und tiefgrünen Wälder sowie der fruchtbaren Täler und saftigen Wiesen. Die Norweger machen aktiv mit in ihrer einmaligen Natur. Sehr viele betätigen sich in einem Verein, wo Sport oder andere Aktivitäten in der freien Natur betrieben werden. Jeder hat das Recht, sich außerhalb kultivierter Flächen frei zu bewegen, ohne dass eine Genehmigung des Grundeigentümers nötig wäre.

Frische Luft, sauberes Wasser, eine vielfältige und artenreiche Flora und Fauna – dies sind die Elemente des gar nicht so stabilen ökologischen Gleichgewichts der Wälder, Seen und Flüsse unserer Erde. Diese Elemente sind aber für die Norweger untrennbar mit der Lebensqualität verknüpft. Daher gibt es in Norwegen strenge Gesetze zum Schutze der Natur.
Dies zeigt sich auch in den unzähligen Nationalparks, Naturreservaten und Schutzgebieten, die in den letzten Jahrzehnten angelegt wurden. Und weil Luftverschmutzung und andere Umweltschäden nur weltweit bekämpft werden können, sind die Norweger auch aktiv in internationalen Gremien tätig.
Schon immer war die politische und soziale Gleichheit der Bürger ein wichtiger gesellschaftlicher Aspekt, so ist das Eigentum fast gleichmäßig verteilt. Norwegen kann als Vorreiter in der Entwicklung des modernen Sozialstaates gelten. Ein umfassendes System verschiedener Einrichtungen und Instrumente soll hier für die soziale und wirtschaftliche Sicherheit sorgen.
Norwegens Wohlstand beruht auf harter Arbeit und den reichen natürlichen Ressourcen. Die Norweger beweisen schon seit vielen Jahrzehnten, dass sie die Reichtümer der Natur auch wirtschaftlich nutzen und einsetzen können.

Norwegisch: zwei offizielle Schriftsprachen

Die norwegische Sprache gliedert sich in zwei offizielle Schriftsprachen; das *Bokmål*, welches sich aus dem Dänischen entwickelte, und das *Nynorsk*, eine dem Schwedischen ähnelnde Sprache. Fast 90 Prozent der Norweger gehören der evangelisch-lutherischen Staatskirche an. Allgemeine Schulpflicht besteht für 7- bis 16-Jährige. Im Land gibt es vier Universitäten, die älteste wurde 1811 in Oslo – damals hiess die Stadt Christiania – gegründet, und die nördlichste Universitätsstadt ist Tromsø. Die beiden anderen Universitäten befinden sich in Trondheim und Bergen.

Gleichwertigkeit und Gleichberechtigung bilden die Eckpfeiler der norwegischen Gesellschaft. Dies war schon bei den Vorfahren so und spiegelt sich in der Gesetzgebung des heutigen Wohlfahrtsstaates wieder. Das Parlament hat die notwendigen Maßnahmen getroffen, um die Rechte des einzelnen Bürgers, die Gleichberechtigung von Mann und Frau, die Belange der Kinder und die Interessen der Verbraucher zu schützen. Für diese Gruppen gibt es jeweils Beauftragte im norwegischen Parlament, wodurch es weltweit Anerkennung erlangte und zum Inbegriff des Schutzes individueller Rechte wurde. Seit Mitte der Achtzigerjahre sind mehr als 40 Prozent der Regierungsmitglieder und der Storting-Abgeordneten Frauen. Die erste Bischöfin wurde 1993 in ihr Amt eingeführt.

Die Nationalversammlung *(Storting)* als gesetzgebende Gewalt wird alle vier Jahre gewählt. Im Verhältnis zwischen Storting und Regierung gelten die Grundsätze des Parlamentarismus, das heißt die Regierung ist von der Mehrheit der 165 Storting-Abgeordneten abhängig. Auch die Abgeordneten des samischen Parlaments *(Sameting)* werden von der samischen Bevölkerung, der überwiegend im Norden des Landes beheimateten Urbevölkerung, gewählt.

Norwegens Auswanderer bevorzugen die Vereinigten Staaten von Amerika, während die Einwanderer, annähernd gleich viel, aus allen Erdteilen stammen.

Der Dichter Bjørnstjerne Bjørnson (1832–1910) erneuerte die norwegische Literatur und war auch politisch tätig, indem er für die Unabhängigkeit und ein demokratisches Norwegen eintrat

Tagesausflüge gegen den Durst

Der öffentliche Alkoholkonsum ist in Norwegen sehr eingeschränkt, da er staatlich limitiert und steuerlich sehr hoch belastet ist. Außer Leichtbier bekommt man in den Supermärkten keinen Alkohol. Wein und Spirituosen sind nur in den staatlichen Geschäften «Vinmonopolet» erhältlich, die jedoch nur in den größeren Orten präsent sind. Die Preise sind bewußt sehr hoch gehalten und liegen erheblich über dem deutschen Niveau. Restaurants und Hotels besitzen eine Schankerlaubnis für Getränke mit niedrigem Alkoholgehalt wie zum Beispiel Bier, Wein und Liköre. Harte Spirituosen *(«brennevin»)* haben nur die größeren Hotels im Angebot. An Sonn- und Feiertagen gilt jedoch ein absolutes *«brennevin»*-Verbot.

Alles, was verboten oder nur beschränkt erhältlich ist, hat bekanntlich eine erhebliche Nachfrage zur Folge. Deshalb wird jede Gelegenheit genutzt, um an Hochprozentiges zu kommen. Als «Gefälligkeit» für eine Handwerker- oder Dienstleistung und teils zum Eigenverbrauch ist alles, was mindestens 40 Prozent hat, sehr gefragt.

Aufgrund der strengen Reglementierung sind Tagesausflüge mit den Fährschiffen ins erreichbare Ausland (Dänemark und Deutschland) sehr beliebt. Diese Fahrten dienen ausschließlich dem Alkoholkonsum und Alkoholeinkauf in den Duty-free-Shops auf den Schiffen. Das Sortiment in den Shops ist daher sehr groß und belegt etwa die Hälfte der gesamten Fläche. Die Preise hingegen sind nicht günstiger als in Deutschland im Supermarkt. Schon kurz nach dem Ablegen der Schiffe bilden sich lange Schlangen vor den noch nicht geöffneten Shops. Erfahrene Einkäufer wissen, was später zollfrei an Land gebracht werden darf und was vorher noch getrunken werden muss. Bis zur nächsten Tagestour wird von diesem Einkauf ein halbes oder ganzes Jahr gezehrt.

Selbstverständlich soll hier nicht der Eindruck entstehen, dass die Norweger nur dem Alkohol nachjagen, es ist nur ein kleiner Teil der Bevölkerung, der sich auf diesem Weg Spirituosen beschafft.

Dass sich eine Flasche Whisky als Retter in der Not erweisen kann, soll nachfolgendes persönliches Erlebnis aufzeigen: Bei einem Streifzug in der Nähe von Bodø hatte ich an einem Sonntag um fünf Uhr eine kleine Herde von Elchen aufgespürt. Bei der Verfolgung, um für Fotos eine bessere Position zu erhalten, bemerkte ich nicht, dass der Weg in ein mooriges Gelände führte. Eine kleine Unaufmerksamkeit hatte zur Folge, dass ich mit den rechten Rädern vom befestigten Weg abkam und in den weichen Boden absackte. Ich konnte weder vorwärts noch rückwärts fahren, da das Fahrzeug mit

der Bodenwanne aufsaß und die Räder durchdrehten.
Ich brauchte Hilfe, deshalb ging ich etwa zwei Kilometer zurück, wo ich zuvor zwei Bauernhöfe ausgemacht hatte. Als ich am ersten Bauernhof ankam, war es sechs Uhr und wie gesagt Sonntag; vielleicht nicht die beste Zeit, um um Hilfe zu bitten. Mit Rufen erreichte ich zunächst nichts, deshalb versuchte ich durch das Werfen kleiner Steine an die Fensterläden auf mich aufmerksam zu machen. Nach mehreren Versuchen schaute schließlich ein Mann aus dem Fenster. Als ich ihm von meiner Situation erzählte, war seine Begeisterung, mich aus dem Schlamassel zu holen, nicht sonderlich groß. Er verwies mich an seinen Nachbarn, der doch einen größeren Trecker hätte. Dort angekommen, begann das Spiel von vorn, auch hier musste ich mit Steinewerfen auf mich aufmerksam machen. Als ich den Bauern um Hilfe bat, war auch hier eine Unlust zu verspüren. Da dies nun meine letzte Chance war, besann ich mich, dass ich in meinem Proviant noch eine Flasche Whisky hatte. Als ich nun kundtat, dass ich ihm zur Belohnung diese Flasche geben würde, kam Bewegung in den Mann, und ehe ich mich versah, stand er vor mir. Sichtlich in Erwartung eines geschätzten «Tropfens» fuhr er, was das Zeug hielt, zum Einsatzort, und ich hatte dabei Mühe, mich an seinem Fahrzeug festzuhalten …
Wir arbeiteten ungefähr eine Stunde, bis mein Wohnmobil wieder befreit war. Als ich anschließend den Lohn übergab, zeigte sich mir ein Bild, das ich nie vergessen werde: Der Bauer nahm den Whisky freudestrahlend entgegen und küsste dabei mehrmals die Flasche. Anschließend verließ er den Ort genauso flott, wie er zuvor gekommen war, sodass ich meinen Dank nur noch nachrufen konnte.

Elche können über 2 m schulterhoch, 3 m körperlang und bis 800 kg schwer werden, das Geweih bis 20 kg

Norwegens Highlights

Auf der Halbinsel Bygdøy westlich des Osloer Hafens entstand im Laufe der Jahre ein Zentrum von Museen. Den Anfang machte das Wikingerschiff-Museum, das 1926 mit einem Teilbau für das *Osebergschiff* errichtet wurde.
Folgende Museen befinden sich dort:

Norwegisches Volksmuseum mit 140 Gebäuden

Das *Norske Folkemuseum* ist ein Freilichtmuseum mit einer Sammlung alter norwegischer Bauern- und Bürgerhäuser aus dem ganzen Land. Die über 140 Gebäude aus der Zeit von 1700 bis 1800 einschließlich einer Stabkirche aus dem 12. Jahrhundert sind wie eine kleine Stadt aufgebaut. Das Innere der Gebäude ist so ausgestattet, wie es zur damaligen Zeit üblich war. Innerhalb des Museumsgeländes befindet sich außerdem eine Samische Ausstellung und ein Pharmaziegeschichtliches Museum.

Wikingerschiff-Museum

Im *Vikingskipenes Hus* befinden sich drei teilweise restaurierte Wikingerschiffe sowie eine große Anzahl von Gegenständen, die bei Ausgrabungen von Grabhügeln gefunden wurden. Das *Tuneschiff* ist mit einer Breite von 4,35 Metern und einer Länge zwischen 15 und 20 Metern das kleinste der Schiffe, das 1867 einige Kilometer nördlich von Fredrikstad ausgegraben wurde. Die Länge des Schiffes konnte nicht mehr ermittelt werden, weil die Steven im Erdreich vermoderten. Schnitzereien deuten darauf hin, dass dieses Boot im Jahr 900 erbaut wurde.
Das *Osebergschiff* ist mit einer Breite von 5,10 Metern und einer Länge von 21,60 Metern das zweitgrößte der Schiffe, das 1904 unweit Tønsberg auf dem Gutshof Oseberg ausgegraben wurde. Das Schiff mit der reichlich bestückten Grabkammer war von einem sechs Meter hohen Grabhügel bedeckt. In der Grabkammer, einer auf dem Deck aufgesetzten Holzkammer, befanden sich die Skelette von zwei Frauen, die etwa um 950 gestorben sein mussten. Durch die luftdichte Hügeldecke und den lehmigen Untergrund wurden die Holzgegenstände wie etwa das Schiff, die Schlitten und Wagen vor dem Verfall bewahrt und konnten so ein Jahrtausend überstehen.
Das *Gokstadschiff* ist mit einer Breite von 5,20 Metern und einer Länge von 23,24 Metern das größte der ausgegrabenen Schiffe, das 1880 unweit von Sandefjord auf dem Anwesen Gokstad gefunden wurde. Das Schiff mit der Grabkammer befand sich ebenfalls unter einem Grabhügel mit lehmiger Erdschicht. In der

Grabkammer auf dem Deck des Schiffes fand man Skelettreste eines ungefähr 60 Jahre alten Mannes, der etwa um das Jahr 900 begraben worden war. Unter den größeren Gegenständen auf dem Schiff befanden sich drei kleinere Boote und die Reste von sechs Betten. Weiterhin fand man Gefäße aus Holz und Bronze sowie Angelhaken und Beschlagstücke für das Pferdegeschirr. Die Seetüchtigkeit dieses Schiffstyps konnte unter Beweis gestellt werden, als ein Nachbau 1893 zur Weltausstellung in Chicago den Atlantischen Ozean überquerte.

Kon-Tiki-Museum

Zur Unterbringung des originalen Balsaholz-Floßes *Kon-Tiki*, mit welchem 1947 Thor Heyerdahl in 101 Tagen die 4300 Seemeilen von Peru über den Stillen Ozean nach Polynesien segelte, wurde das Museum errichtet. Auch sein Papyrusboot *Ra II*, das 1970 in 57 Tagen die 6100 Seemeilen von Marokko über den Atlantik nach Barbados segelte, ist dort untergebracht. Archäologische Funde von der Galapagos-Expedition aus dem Jahr 1953 konnten beweisen, dass Seefahrer von Peru und Ecuador in geraumer Vorzeit auf den Galapagos-Inseln landeten. Auch mit der Osterinsel-Expedition 1955–56 konnte durch Steinstatuen in Form eines Binsenbootes der Beweis erbracht werden, dass bereits zur Inkazeit eine Verbindung zu Südamerika bestand. Die Forschungen und Expeditionen von Thor Heyerdahl zeigen, dass bereits frühere Kulturen seetüchtige Schiffe hatten, um damit die Weltmeere zu befahren. Im Museum sind die markantesten Beweisstücke ausgestellt.

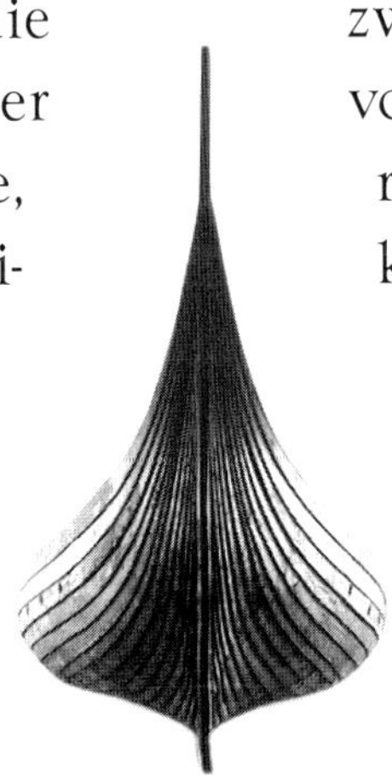

Das Gokstad-Schiff war mit 16 Ruderern bemannt

Fram-Museum mit Nansens und Amundsens Schiff

Im Fram-Museum ist das originale und komplett ausgerüstete Polarschiff *Fram* ausgestellt. Das Forschungs- und Expeditionsschiff, das Fridtjof Nansen, Otto Sverdrup und Roald Amundsen auf drei mehrjährigen Expeditionen diente und 1914 zum letzten Mal einlief, lag über zwei Jahrzehnte ungenutzt im Hafen von Horten. Dem ersten Schiffsführer Otto Sverdrup ist es zu verdanken, dass das 1892 erbaute Schiff für die Nachwelt erhalten blieb. Im Jahr 1935 wurde das elf Meter breite und 39 Meter lange Schiff in den Hafen von Oslo geschleppt und vorsichtig an Land gezogen. Anschließend wur-

de über dem ehrwürdigen Schiff, das mehrere Reisen in das nördliche und südliche Polarmeer bestanden hatte, ein Gebäude errichtet.
In den Jahren 1990–1992 wurde das Fram-Museum erweitert. Heute können anhand von Karten und Ausstellungsstücken die Expeditionen mit der *Fram* nachvollzogen werden. Zusätzlich sind Informationen zu Amundsens Reisen mit seinen Schiffen *Gjøa* und *Maud*, den Flugbooten N 24 und N 25 und dem Luftschiff *Norge* sowie zur Latham-Tragödie, bei deren Absturz Amundsen ums Leben kam, anhand von Bildern und Rekonstruktionen ausgestellt.

Norwegisches Seefahrtsmuseum

Im *Sjøfartsmuseet* sind viele Originale und hunderte von Boots- und Schiffsmodellen ausgestellt. Nachgestellte Fischfang- und Bootsbau-Szenen veranschaulichen die Handhabung der benutzten Gerätschaften.
Das Modell eines lebensgroßen Wales verdeutlicht die Größe dieses Meeressäugers. Weitere präparierte Fische wie Kugelfisch, Hai, Muräne etc. zeigen das Leben in unseren Weltmeeren. Dem Thema Tiefseearchäologie ist ein eigener Bereich gewidmet. Hier wird mit interessanten Bild- und Schautafeln die Entstehung und Besonderheiten der Meere dargestellt.
Im Freigelände steht die *Gjøa*, das erste Schiff von Roald Amundsen, mit der er im Juli 1903 seine erste Expedition in Richtung Polarmeer startete, um dort den magnetischen Nordpol und die Nordwest-Passage zu erforschen.

Telemarkkanal, Ingenieurmeisterwerk mit 18 Schleusen

Der Telemarkkanal beginnt in der südwestlichen Kleinstadt Dalen und mündet südlich von Porsgrunn in den Skagerrak. Seine Wegstrecke führt über natürliche Seen und Wasserläufe, aber auch über künstlich angelegte Kanalabschnitte mit vielen Schleusen. Mit bloßer Handarbeit wurde der Kanal durch Telemarks Bergwelt angelegt – fast 500 Männer arbeiteten fünf Jahre daran. Dieses Meisterwerk norwegischer Ingenieurleistung, eingebettet in abwechslungs-

Keine Schlange, sondern eine Muräne! Nebst vielen anderen Fischen im Seefahrtsmuseum zu sehen

reiche Natur, wurde 1892 eingeweiht. Über einhundert Jahre wurden Holz und andere Güter vom Landesinneren an die Küste transportiert, aber auch Handelsreisende und Touristen nutzten den einmalig schönen Wasserweg. Der Telemarkkanal hat bis heute nichts von seiner Attraktivität eingebüßt, im Gegenteil, der Kanal verbindet auf einmalige Weise Industriegeschichte, Naturerlebnis und Urlaubsvergnügen.

Mit Hilfe von 18 Schleusen wird eine Höhendifferenz von 72 Metern überbrückt, sodass man auf dem Kanal bis fast ins Herz von Südnorwegen reisen kann. Möglichkeiten, den Telemarkkanal zu bereisen, gibt es mehrere; einen Ausflug mit einem der Passagierdampfer wie beispielsweise der *Victoria*, mit einem gemieteten Hausboot, im eigenen Boot oder auch im Kanu. Interessant ist es auch, an den Schleusen beim Aufheben und Ablassen der Boote und Schiffe zuzusehen. Über 100 Kilometer erstreckt sich der Telemarkkanal durch Gebiete, die von reizvollen Natur- und Kulturlandschaften, von geschichtsträchtigen Ereignissen und traditionsreichen Orten geprägt sind.

Die meisten Kanalschleusen liegen in den Gemeindegebieten von Nome und Vrangfoss und gelten als die schönsten Abschnitte der ganzen Strecke. Teilweise ist der Kanal so schmal, dass jeweils nur ein Schiff passieren kann; entgegenkommende Schiffe müssen dann in den breiteren Abschnitten oder in den Ausweichbuchten warten.

Mit dem wachsenden Betrieb auf dem Kanal entwickelte sich Nome zu einem Industrieort, der insbesondere durch seine Sägewerke und gusseisernen Öfen bekannt wurde. In Dalen am westlichen Kanalende befindet sich das ehrwürdige Hotel Dalen, das 1894 erbaut wurde. In der anfänglichen Blütezeit des Schifffahrtsweges war dieses Hotel die hauptsächliche Anlaufstelle im Landesinneren. Das Gebäude, das zu Anfang der Neunzigerjahre renoviert wurde, ist eines der größten Holzhäuser Skandinaviens. Gleichzeitig befindet sich die größte Glasmalerei Norwegens im Eingangsbereich dieses Hotels.

Setesdal mit weltberühmtem Mineralienpfad

Nördlich von Kristiansand erstreckt sich zwischen den Orten Evje und Hovden das traditionsreiche Setesdal, das von den Norwegern auch liebevoll als «Märchental» bezeichnet wird. Seine isolierte Lage in der Vergangenheit bewirkte, dass hier die Bautradition und das Brauchtum bewahrt wurden.

Eine reiche Kulturtradition und eine herrliche Landschaft haben das rund 200 Kilometer lange Tal bekannt gemacht.

Urlauber, die eine möglichst kurze Anreise bevorzugen, nutzen die zahlreichen Freizeitangebote dieser Ferienregion. In Evje schlummern unter der abwechslungsreichen Landschaft, die aus tiefen Wäldern, großen Heideflächen und ertragreichem Ackerland besteht, ungeahnte Mineralienschätze. Bis zu Anfang unseres Jahrhunderts waren große Steinbrüche die wichtigste Einnahmequelle dieser Region. Die Vielfältigkeit der Mineralien, die dabei als Nebenprodukt zutage gefördert wurden, erregte internationales Aufsehen in der Fachwelt. Durch den Zusammenschluss mehrerer stillgelegter Gruben entstand der Mineralienpfad in Evje, der heute als Eldorado für Hobby-Geologen aus aller Welt gilt. Im Fennefoss-Museum ist eine umfangreiche Mineraliensammlung zu besichtigen. In einer Ausstellungshalle unter Tage sind auf einer Fläche von 1500 Quadratkilometern gigantische Mineralienfunde aus dem Setesdal und anderen Fundstellen der Welt ausgestellt.

Zu den Besonderheiten des Setesdals zählen die zahlreichen traditionellen Silberschmieden. Im Herzen des Tales liegt die Gemeinde Valle, die wegen ihres Silberschmiedehandwerks über die Landesgrenzen hinaus berühmt ist. In mehreren Schmieden kann man die Herstellung der begehrten Schmuckstücke mitverfolgen. Während der Sommermonate werden auf der historischen Hofanlage Sylvartun Konzerte mit Volksmusik und Volkstanz veranstaltet. Silber und Tracht bilden eine Einheit, deshalb können neben dem kostbaren Trachtenschmuck auch die farbenprächtigen Trachten direkt vor Ort erstanden werden. Ein Besuch im Setesdal-Museum bietet einen Einblick in das Alltagsleben der Bauern im letzten Jahrhundert.

Eine weitere Besonderheit dieses Tales ist die Holzbautradition, die man bei den alten Blockhäusern und Getreidespeichern vorfindet. Die mit Schnitzereien reich verzierten Getreidespeicher aus älterer Zeit sind ebenso eine Augenweide wie die bunt bemalten aus neuerer Zeit.

Seit der Wikingerzeit gilt Hovden im nördlichsten Teil des Setesdals als Zentrum der Eisengewinnung. Im Museum für Eisengewinnung wird in anschaulicher Weise gezeigt, wie zur damaligen Zeit Eisen produziert wurde.

Auch für die sportliche Betätigung ist im Setesdal gesorgt; so kann man beispielsweise bei einer Raftingtour auf den Stromschnellen der Otra die Naturgewalten unmittelbar erleben. Kajak- und Kanutouren, Angelausflüge und Bergsteigen runden das umfangreiche Aktivitätenangebot ab.

Alte norwegische Handwerkskunst: geschnitzte Kaffeekanne

Hardangervidda und ihre 40 000 Rentiere

Die Hardangervidda ist das größte zusammenhängende Fjellgebiet Europas und berührt mit Hordaland, Telemark und Buskerud drei Bezirke Norwegens. Auf dem einmaligen, rund 9000 Quadratkilometer großen Hochgebirgsplateau nimmt der Nationalpark ein gutes Drittel der Fläche ein. Die Flora und Fauna der Hardangervidda ist sehr vielfältig. So gibt es über 100 Vogelarten, darunter die seltene Schnee-Eule, Kraniche und Eisfüchse sowie hunderttausende von Lemmingen. Auf über 40 000 Tiere wird der Rentier-Bestand geschätzt. Von den mehr als 500 Blütenpflanzen ist die Bärentraube allerorts zu finden, der hüfthohe Purpur-Enzian ist dagegen nur in geschützteren Lagen anzutreffen.

Das Niveau des Plateaus bewegt sich zwischen 1150 und 1500 Höhenmetern, nur wenige Bergspitzen ragen über diesen Wert hinaus. Während im Westen das Plateau durch den Sørfjord und Eidfjord begrenzt wird, bilden der Süden und Osten mit tiefer liegenden Bergen und Tälern und der Norden mit höheren Bergen eher einen fließenden Übergang zur angrenzenden Landschaft. An den Straßen, die um die Hardangervidda führen, liegen nur kleinere Ortschaften mit wenigen Häusern; Kleinstädte wie Odda im Westen und Rjukan im Südosten bilden eine Ausnahme.

Durch die Hardangervidda führen keine Straßen und Wege, es gibt keine Brücken und auch kaum Wegweiser. Sie ist so gut wie unbewohnt, verfügt jedoch über rund drei Dutzend Hütten, die teilweise von März bis Oktober geöffnet sind. Eine Durchwanderung der Hardangervidda muss gut vorbereitet sein, dabei dürfen festes Schuhwerk, warme, wetterfeste Kleidung, Regenschutz und Schlafsack sowie ein Kompass nicht fehlen.

Wetterumstürze sind hier keine Seltenheit, dann muss man sich teils durch Schneematsch, kleine Wildbäche oder über sumpfigen Boden kämpfen; doch das gehört auch zu Wanderungen durch eine echte Wildnis. Entschädigt für die Strapazen wird der Wanderer durch die unendlich erscheinende Weite der einzigartigen Landschaft.

Von Kristiansand im Süden erreicht man die Hardangervidda über das attraktive Setesdal. Eine Durchquerung von Südnorwegen mit dem Auto von Oslo über Kongsberg, Rjukan und Odda verschafft dem Besucher einen guten Eindruck von der Landschaft der Hardangervidda. Im Frühjahr, wenn an der Küste die Obstbäume blühen, türmen sich hier noch meterhohe Schneewände entlang der Strecke. Auf den kristallklaren Seen schmilzt nur in der Mittagssonne das Eis, und an geschützteren Stellen sprießt auf schneefreien Flächen das erste Grün.

Bild Seite 145: *Nur sehr zögernd weicht der Schnee auf den Bergen, während im Tal und am See – wie hier Svenningsvatn südlich von Mosjøen – alles grünt und sprießt*

Aber auch im Hochsommer stößt man auf Schneefelder, weiße Täler und schneebedeckte Berg-Nordhänge, die zu einer erfrischenden «Schneeballschlacht» einladen. Auf einem der unzähligen Park- oder Rastplätze an der Strecke ist man meistens allein und kann dort die wohltuende Ruhe und die natürliche Frische der klaren Luft genießen.

Gudbrandsdal, Tal der Täler

Die Legende erzählt von einem König aus der Landesmitte Norwegens, dessen Reich in einem langen Tal lag. Er schenkte den Göttern seinen Sohn namens Brand, und so entstand der Name Gudbrand. Entsprechend der Sage soll dann auch das Tal den Namen Gudbrandsdal erhalten haben. Das Gudbrandsdal, auch Tal der Täler genannt, beginnt bei Bjorli westlich des Sees Lesjaskogvåtnet und endet nach gut 200 Kilometern am Nordende des Mjøsasees.

Norwegens längstes Tal ist von beeindruckender Schönheit, es besitzt eine phantastische Vielfalt und unglaubliche Harmonie. Hier rauschen die Flüsse mit ihrem blassgrünen Wasser ins Tal, erfreuen uns Wasserfälle wie Feenschleier.

In glasklaren Gletscherseen sieht man bis auf den Grund, und in stillen Bergseen spiegeln sich die dichten Wälder mit ihrem bunten Blattwerk im Herbst. So ist es kein Wunder, dass große Teile des Gudbrandsdals als Nationalpark ausgewiesen sind.

Im Gudbrandsdal gibt es ebenso viele Angelseen wie hohe Berggipfel, die teilweise die Zweitausender-Marke überschreiten. Bei überwiegend klarer Sicht kann hier die unendliche Weite der Bergwelt erlebt werden.

Jotunheimen ist der Sitz der Riesen: Glittertind, 2472 Meter hoch, Galdhopiggen, 3 Meter kleiner.

Die Nationalparks Rondane, Dovrefjell und Jotunheimen sind bei Naturliebhabern und Wanderern gleichermaßen be-

Norwegisches Brautpaar mit Brautvater im 19. Jh.

Textfortsetzung Seite 161

nächste Doppelseite: *Die Laksfossen südlich von Mosjøen zählen zu den imposantesten Stromschnellen Norwegens. Bereits in einigen hundert Metern Entfernung ist das Donnern der herabstürzenden Wassermassen zu hören. Wie der Name verrät, ist dieser Flussteil ein Anglerparadies*

Seiten 148/149: *Im Gegenlicht bei tiefstehender Sonne entstand diese Momentaufnahme am Langvatnet-See nordwestlich von Mo i Rana.*

S. 149 oben: *Auf der Fahrt in den Norden zeigt sich die Fjell-Landschaft zwischen Mosjøen und Korgen noch im winterlichen Kleid.* Unten: *Zwischen Mo i Rana und Rogna erleben wir diese traumhafte Landschaft im Hochland. Während die Schneefelder nur langsam weichen, tragen die Birken bereits Blätter in zartem Grün*

Im Höhlensystem nördlich von Mo i Rana gibt's mehrere Grotten von unterschiedlicher Größe. Die Grønligrotta mit 600 m Tiefe und einer Länge von 2000 m zählt zu den mächtigsten Höhlen Nordeuropas. Die in den unterirdischen Flüssen mitgeführten Steine haben das Kalkgestein zu unterschiedlichsten Formen ausgewaschen. Der Rundgang durch die Grønligrotta misst etwas mehr als 400 m. Die unterirdischen, teils haushohen Hohlräume sind oft nur durch schmale, hüfthohe Gänge verbunden. Während der Schneeschmelze führen die unterirdischen Flüsse weit mehr Wasser, so dass Sie die Grotten dann oft nicht passieren können

Nördlich von Mo i Rana, im geschützten Dunderlandsdal, finden Sie eine vielfältige Flora. Doch nur wenige Kilometer nördlich, am Polarkreis, beginnt die Wachstumsgrenze für viele Baum- und Pflanzenarten

Seite 153:
Die Leittiere einer Rentierherde sind ähnlich wie die Kühe in unserer Alpenregion mit Glocken ausgestattet. Dieses männliche Rentier mit dem prächtigen Geweih ist menschliche Nähe gewohnt; Sie können es füttern. Wilde Rentiere (unten), davon gibt es einige hunderttausend in Skandinavien, sind sehr scheu. Muttertiere mit Kitz halten eine Distanz von mindestens 100 m zum Menschen. Schleicht man sich zum Beispiel an sie heran und wird entdeckt, dann treten sie panikartig die Flucht an

Seiten 154/155: *Auf seiner Wegstrecke durch das Dunderlandsdal bewältigt der Ranaelva-Fluss große Höhenunterschiede. Viele Wasserfälle und Stromschnellen profilieren daher den Flusslauf. Riesige Wassermassen stürzen tosend über die Felsen im Flussbett in die Tiefe. Schäumend und brodelnd verwandelt sich die Wasseroberfläche dabei in einen weißen Teppich. Der Dunder- und der Raufjellfossen (großes Bild) zählen zu den schönsten Wasserfällen des Ranaelva-Flusses. Mitgeführtes Gestein hat über Jahrhunderte am Grund der Wasserfälle gearbeitet und so Seen entstehen lassen*

Bilder links und rechts: *Jahrzehntelang war das alte steinerne Polarkreissymbol am «Polarsirkelen», das von der dort lebenden samischen Bevölkerung errichtet wurde, die einzige Erhebung im weiten Umkreis. Mit wachsendem Tourismus wurde zu Anfang der Neunzigerjahre des 20. Jh. am «Polarsirkelen» ein Informationszentrum erstellt und mit ihm entstand gleichzeitig dieses hölzerne Polarkreissymbol*

Legenden
Seiten 158/159
s. S. 160

Seite 158 oben:
Auf der Fahrt von Fauske nach Bodø treffen wir diesen kleinen Wasserlauf. Bei niedrigem Wasserstand ist das felsige Flussbett sichtbar, das während der Eiszeit blankgeschliffen wurde

unten:
Der Saltstraumen südlich von Bodø ist ein Gezeitenstrom. Im Rhythmus von sechs Stunden strömen über 400 Mio. Kubikmeter Wasser durch den 150 m schmalen felsigen Sund. Bei Flut werden unzählige Fische aus dem offenen Meer von der Strömung erfasst und gelangen somit vor die Ruten der vielen Angler am Ufer des Sundes

Seite 159:
Kein Bild aus einem Märchenbuch! Über Jahrtausende formte schmelzendes Gletschereis diese Wunderlandschaft am Strindfjellet nördlich von Fauske

Bild Seite 160: *Die Abendstimmung im Saltfjorden ist trügerisch. Während am offenen Meer Ruhe und Stille eingekehrt ist, wirkt am Saltstraumen der Gezeitenwechsel weiter, starke Strömung und unzählige Strudel reliefieren hier die Wasseroberfläche*

gehrt. Ein besonderes Erlebnis bietet sich bei einer Elch-, Rentier- oder Moschusochsensafari – mit der Kamera natürlich! Wer jedoch den besonderen «Kick» braucht, ist mit einer Schlauchbootfahrt durch die wilden Stromschnellen des Sjoa-Elv-Flusses gut beraten.

Am südlichen Ende des Gudbrandsdals liegt direkt am Mjøsasee die Olympiastadt Lillehammer. Trotz großem internationalem Bekanntheitsgrad blieb die Stadt mit langer Tradition bis heute eine liebenswerte Kleinstadt am «Tor» zum Gudbrandsdal. Eine Reihe von Aktivitäten, etwa Ski- und Langlauf oder Kanufahrten und Wanderungen, werden ganzjährig angeboten.

Ein besonderes Vergnügen bereitet ein Reitausflug in die herrliche und abwechslungsreiche Bergwelt. Neben dem Freizeitpark Hunderfossen zieht das Freilichtmuseum Maihaugen die meisten Besucher an. Im größten Freilichtmuseum Europas stehen mehr als 140 Gebäude aus dem Gudbrandsdal und erzählen auf ihre Art, wie die Menschen in dieser Region früher gelebt haben. Ein beliebter Trauungsort ist die kleine Stabkirche, die in die dörfliche Struktur des Museums eingebunden wurde.

Sehr sehenswert sind auch die Stabkirchen von Lom und die von Ringebu aus dem 13. Jahrhundert. Sie befinden sich in einem sehr guten Zustand und zählen zu den bekanntesten Holzkirchen des Landes.

Trollstigen und Troll-Park – Land der Riesen- und der Zwergtrolle

Norwegen ist das Land der Trolle. Das wissen alle, die die norwegischen Volksmärchen gelesen haben.

Sie wissen auch, dass die Trolle in den Wäldern, auf den Bergen und an den Seen leben. Es gibt Riesentrolle und es gibt Zwergtrolle. Außer der Größe haben beide das gleiche Aussehen, wobei lange, strähnige Haare, eine große Knollennase und ein Buckel die markantesten Merkmale sind.

Sie stützen sich in ihrer gebückten Haltung auf einen Stock aus Wurzelholz, und ihre Kleidung ist von bescheidenster Einfachheit. Ein Gespür für Stimmungen und vor allem wache Sinne – mehr gehört nicht dazu, um einem Troll zu begegnen.

Nicht mehr überall in Norwegen gibt es heute noch Trolle, jedoch ganz sicher in dem Gebiet, das den Namen Troll-Park trägt. Der Troll-Park ist eine zusammengeschlossene Ferien- und Erlebnisregion, bestehend aus den Bezirken Oppland und Hedmark.

Aber auch in anderen norwegischen Bezirken spielte der Troll bei der Namensgebung eine große Rolle. So gibt es zum Beispiel im Bezirk Nordland den Trollfjord und im Bezirk Møre og Romsdal an

der Goldenen Route die Trolltindane-Gipfel und die Trollstigen.
Die Trollstigen gehört mit der Adlerstraße im Geirangertal zu den bekanntesten Serpentinenstraßen Norwegens. Südlich von Åndalsnes, wo das phantastische Isterdal endet, beginnen die Trollstigen. Die Straße, die 1936 eröffnet wurde, hat eine Steigung von zwölf Prozent und windet sich über elf Kehren bis auf 850 Meter empor. An einigen Stellen ist die Strecke so schmal, dass nur jeweils ein Fahrzeug passieren kann, deshalb sind auf den geraden Teilstücken Ausweichbuchten angelegt.
Die Nadelkurven sind teilweise so eng, dass die Busse erst nach mehrmaligem Rangieren weiterfahren können. Für Wohnwagengespanne sind die Trollstigen gesperrt. Manch weniger geübte Autofahrer entsteigt, nachdem er oben am Parkplatz angekommen ist, schweißgebadet seinem Fahrzeug.
Vom Aussichtspunkt gibt es als Entschädigung für die anstrengende Tour einen phantastischen Weitblick in das Isterdal. Von der eigens hierfür angelegten Aussichtsplattform ist die gesamte Streckenführung der Trollstigen überschaubar. Welche Fahrtrichtung, von unten nach oben oder umgekehrt, die schwierigere ist, kann nicht beantwortet werden. Doch manche Autofahrer und -fahrerinnen bekommen schon beim Anblick der Serpentinen weiche Knie und verzichten auf die Fahrt ins Tal.

The Golden Route

The Golden Route ist vergleichbar und so populär wie unsere *Deutsche Alpenstraße*. Die Goldene Route bietet alles, was Norwegen so anziehend macht. Das Landschaftsbild wechselt von imposanten felsigen Bergen und hohen stillen Fjells zu malerischen Tälern, von tosenden Wasserfällen, rauschenden Flüssen mit reißenden Stromschnellen zu strahlenden Fjorden. Die Goldene Route, die vom norwegischen Königspaar, Königin Sonja und König Harald, und Gefolge 1993 bereist wurde, führt von Åndalsnes am Romsdalsfjord über den Geirangerfjord nach Hellesylt am Sunnylvsfjord.
Åndalsnes, die «Alpenstadt» am Romsdalsfjord liegt an der Mündung des Raumaflusses und an der Endstation der Raumabahn. In den Sommermonaten ist Åndalsnes wegen seiner traumhaften Berg- und Fjordlandschaft Ziel vieler Kreuzfahrtschiffe.
Im Romsdal, etwa neun Kilometer südlich von Åndalsnes, trifft man auf die 1788 Meter hohen Trollveggen, die höchsten senkrechten Felswände der Welt, und das 1550 Meter hohe Romsdalshorn, das seinen Namen durch seine hornförmige Spitze erhielt. Beide Bergformationen gelten unter Kletterern als große Herausforderung.
Die eigentliche Tour beginnt auf der Reichstraße 63 im nur 15 Kilometer lan-

gen u-förmigen Isterdal. Begleitet von über 1200 Meter hohen Bergen zu beiden Seiten, führt die Straße durch üppige Laubwälder bis zum Ende des Tales.
Um von hier auf das 750 Meter hohe Plateau zu gelangen, muss die Trollstigen (Stiege der Trolle) mit ihren elf Serpentinen und einer Steigung von zwölf Prozent überwunden werden. Wie bereits erwähnt, verlangt die Trollstigen-Straße einiges fahrerisches Können, da die Haarnadelkurven und die meisten Streckenabschnitte nur einspurig zu befahren sind. Vom Aussichtspunkt direkt oberhalb der Trollstigen eröffnet sich dann ein einmaliger Blick zurück auf die Passstraße und das bildschöne Isterdal.
Nach einigen Kilometern über das kahle Hochplateau geht die Fahrt talwärts und die Temperatur steigt. Das milde Klima begünstigt den Anbau von Beerenobst und Obstbäumen in der breiteren Talsohle. Die Landwirtschaft im Valldal dient heute als Lebensgrundlage für die Menschen in diesem Landstrich. Sagen und Anekdoten erzählen von Olaf dem Heiligen, der mit seinem Gefolge hier durchzog. Vom Ort Valldal lohnt ein kleiner Abstecher nach Tafjord zum Besuch des Kraftwerksmuseums.
Von Valldal führt der Weg nach Linge, und von dort geht die Fahrt mit dem Fährschiff über den Norddalsfjord nach Eidsdal. Auch in diesem windgeschützten Tal zwischen den Bergen leben die Einwohner vom Obstanbau. Im Frühjahr besteht das gesamte Tal aus einem riesigen duftenden Blütenteppich. Nach wenigen Kilometern durch das landwirtschaftlich genutzte Tal steigt die Strecke wieder an und führt ins bergige Hochland. Der kristallklare Bergsee Eidsvatnet und die Ruhe ausstrahlende Fjelllandschaft laden hier zu einer Pause ein.
Nach dem Passieren des Oppskredfonna-Tunnels beginnt die phantastische Adlerstraße *Orneveien* mit den elf Serpentinen hinunter ins Tal nach Geiranger. Von den vielen Aussichtspunkten an der Adlerstraße hat man eine einzigartige Sicht auf den Geirangerfjord mit seinen Wasserfällen und den von felsigen Bergen umgebenen Talkessel.
Unweit von Geiranger schießt der Wasserfall Storseterfossen in solch

Holzhäuser in einem norwegischen Gebirgsdorf (18. Jh.)

hohem Bogen aus dem Felsen, dass man unter ihm hindurchlaufen kann. Vom Aussichtspunkt Flydalsjuvet, an der Strecke zur R 15, hat man einen herrlichen Ausblick in nördlicher Richtung auf den Geirangerfjord und die Adlerstraße. Die Krönung bringt jedoch ein Abstecher auf den Dalsnibba, das 1476 Meter hohe Felsplateau südlich von Geiranger. Die atemberaubende Sicht auf den Fjord und die umliegende Bergwelt hinterlässt einen bleibenden Eindruck von diesem Teil Norwegens.

Zum Abschluss der Goldenen Route führt die Fahrt mit dem Schiff über den Geirangerfjord nach Hellesylt. Der Fjord der Fjorde mit den berühmten Wasserfällen «Die Sieben Schwestern», «Der Freier» und «Der Brautschleier» sowie den steilen Felswänden mit den verlassenen Einödhöfen ist beeindruckend und macht die letzte Etappe zu einem besonderen Erlebnis. Hellesylt, der idyllische Ort mit seinem Wasserfall, dem Hellesyltfossen, und die schöne Umgebung inspirierten auch Henrik Ibsen zu seinem Werk «Brand».

Küstenstraße R 17; sechsmal auf Fähre umsteigen!

Eine Reise entlang der traumhaften Küstenstraße zwischen Steinkjer und Bodø bietet für jeden Besucher eine reichhaltige Abwechslung. Im Gegensatz zur parallel verlaufenden Europastraße E 6 ist auf dieser gut ausgebauten Strecke sechsmal die Teerdecke mit dem Stahlboden eines Fährschiffes zu tauschen. Für die Fährverbindungen werden in den Sommermonaten erhebliche Rabatte in Verbindung mit einem Fährenpass (ca. 40 NOK) gewährt. Auskünfte über Preise, Zeiträume und Abfahrtszeiten erteilen die Touristeninformationen am Beginn der Küstenstraße in Steinkjer im Süden und Bodø im Norden.

Unsere Entdeckungsreise, die sich nur auf einen Teil der Sehenswürdigkeiten beschränken kann, beginnt in Steinkjer, der südlichsten Gemeinde an der Küstenstraße. Die Stadt mit ihren sehr schönen Holzhäusern bietet vor allem in puncto Geschichte und Natur eine breite Auswahl an Sehenswürdigkeiten.

Schon in der Wikingerzeit bildete Steinkjer als Sitz des Häuptlings ein Handelszentrum. Heute ist sie die Bezirkshauptstadt von Nord-Trøndelag und ein modernes Dienstleistungszentrum mit lebhaftem Stadtkern. Ausflüge in das Umland zu Wasser und auf dem Landweg sorgen für eine reichhaltige Abwechslung. In Seen und Flüssen darf kostenlos geangelt werden. Etwa 25 Kilometer außerhalb der Stadt befinden sich einige der weltweit bekanntesten Felszeichnungen. Die Darstellung einer Jagdszene *(«Bolareien»)* zeigt ein Ren in voller Größe. Das auf glatter Felsoberfläche geritzte Bild entstand zirka 2000 v. Chr.

Das Gebiet um Egge war während der Wikingerzeit ein Zentrum der Häuptlinge. Mit ihrem Widerstand gegen die Christianisierung, die König Olaf der Heilige um das Jahr 1000 durchführen ließ, zählten sie zu den schärfsten Widersachern. Frühhistorische Denkmäler und ein aktives Volksmuseum ermöglichen Kulturerlebnisse besonderer Art.

Namsos am Lachsfluss Namsen

Die Kulturstadt Namsos liegt an der Mündung des Lachsflusses Namsen. Das Kulturhaus von Namsos beherbergt die Bezirksgalerie von Nord-Trøndelag mit Ausstellungen norwegischer und internationaler Künstler. Im Jahr 1853 wurde in Namsos die erste dampfbetriebene Säge in Betrieb genommen. In einem Museum sind die unterschiedlichsten Maschinen, die teilweise noch in Betrieb sind, ausgestellt. In einem weiteren Museum, dem Namdalsmuseum, das aus 14 Gebäuden besteht, sind 7000 Gegenstände ausgestellt. Eine besondere Attraktion ist das zwölfruderige Nordlandboot *Femboring* mit 44 Meter Länge.

Norwegisches Kunsthandwerk: geschnitzter Bierkrug

In Oberhalla wurden über 1000 Funde aus der Frühgeschichte registriert. Die Grabhügel *Bertnemshaugene* mit einem Durchmesser von 45 Metern zählen zu den größten in Skandinavien.

Hoylandet gilt als das norwegische Revuefachzentrum. Hier wird alljährlich im Juli ein Revuefestival durchgeführt. Weitere Sehenswürdigkeiten sind der Grongstadfossen, ein Wasserfall mit 75 Meter Fallhöhe, und die markante Brücke Hammerbrua.

Bindal, die südlichste Gemeinde im Bezirk Nordland, ist für ihre Bootsbautradition bekannt. Jährlich Ende Juni findet hier eine Regatta mit Bindalsbooten statt. Mit seinen 1065 Metern bietet der markante Berg Heilhornet einen guten Ausblick.

In der Ortschaft Vik liegt eine Bauernhofsiedlung, die ganz auf die Fischerei ausgerichtet ist. In einem historisch eingerichteten Geschäft werden kunsthandwerkliche Gegenstände aus der Region angeboten. Sømna verfügt über mehrere Sandstrände, die jedoch wegen der Temperaturen weniger zum Baden als zu Spaziergängen einladen.

Inselberg mit Riesenloch

Die Schiffe der Hurtigruten laufen die Stadt Brønnøysund an der Helgelandküste regelmäßig an. Durch die gute Versorgung über den Seeweg ist sichergestellt, dass sich der Gast in der kleinen Hafenstadt wohl fühlt. Auf der Insel Torget ganz in der Nähe bietet der Berg Torghatten eine einmalige Naturerscheinung. Inmitten des 260 Meter hohen Berges befindet sich ein durchgängiges Loch von 160 Meter Länge, 35 Meter Höhe und 20 Meter Breite. Der Sage nach soll der Pfeil des «Pferdemannes» *(Hestmannen)* für das Loch im Berg verantwortlich sein. Seit Jahrhunderten wird diese Attraktion, die über einen Pfad zu erreichen ist, selbst von Königen aufgesucht.

Auf der Insel Alsten stößt man auf die weit bekannte Gebirgsformation De Syv Søstre (Die Sieben Schwestern). Diese Bergkette mit sieben Gipfeln um die 1000 Meter Höhe kann ohne Kletterausrüstung bestiegen werden. Beim Fjell-Lauf, der alle zwei Jahre stattfindet, wurden die Berge in einer Rekordzeit von weniger als vier Stunden überquert.

Die abwechslungsreiche und üppige Landschaft um Leirfjord ist mit ihren Küsten, Fjorden, Bergen und fischreichen Flüssen ein Eldorado für Angler und Wanderfreunde. Im Fluss Leirelva, der bei Leirosen unmittelbar an der R 17 in den Fjord mündet, gibt es die ergiebigsten Angelplätze. Im Sommer folgen große Schwärme von Saiblingen dem Flusslauf bis zu den Laichplätzen im Leirvatnet-See.

In Nesna schrieb Petter Dass seine ersten Gedichte. Der norwegische Dichter arbeitete dort von 1672 bis 1689 als Pfarrer. Nesna selbst ist durch seine Schuhfabrikation weltweit bekannt. Einen Abstecher zur Insel Tomma lohnt sich bei guter Fernsicht, denn vom Berg Tomskjevelen kann die Lofotenkette gesichtet werden. Ein Besuch der Insel Hugla ist wegen ihres Kräutergartens *Litlehaug* sehr zu empfehlen.

Von Stokkvågen gelangt man mit der Fähre zur Vogelinsel Lovund. Über 200 000 Papageitaucher brüten hier alljährlich in der Zeit von Mai bis Juni. Die interessanten schwarzweiß gefiederten Vögel mit ihren charakteristischen bunten Schnäbeln bevölkern die ganze felsige Steilküste.

Von Braseth aus startet man mit dem Ausflugsboot über den Holandsfjord zu einem Seitenarm des Svartisen. Der im Sonnenlicht blaugrün schimmernde Engabreen bietet einen faszinierenden Anblick für

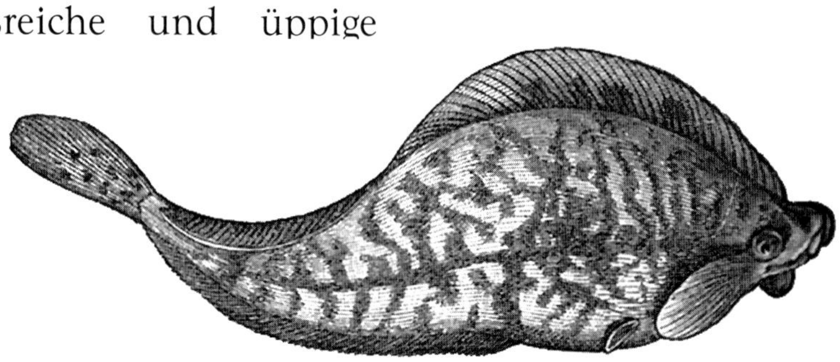

Anglerparadies Norwegen. Der Goldbutt (Scholle) ist häufig an Norwegens Küste zu treffen

den Besucher. Riesige Eismassen winden sich über schroffe Felsen bis ins Tal.
Der Saltstraumen südlich von Bodø ist der stärkste Gezeitenstrom der Welt. Über 400 Millionen Kubikmeter Wasser werden im Wechsel der Gezeiten alle sechs Stunden durch einen drei Kilometer langen und nur 150 Meter breiten Sund gepresst. Die Geschwindigkeit des Wassers kann bis zu 20 Knoten betragen. Während der Flut führen starke Strudel und Strömungen dazu, dass sich große Mengen von Fischen im erweiterten Sund sammeln. Ein beliebter Ort für Rutenangler, die während dieser Zeit den felsigen Rand des Sundes belegen.
Am Ende der Küstenstraße liegt Bodø, die Bezirkshauptstadt von Nordland. Eine Beschreibung über seine Sehenswürdigkeiten finden Sie im Kapitel «Städteprofile».

Hurtigruten – Postschifftradition für Feinschmecker

Die Postschiffe der traditionsreichen Hurtigruten sind inzwischen eine der berühmtesten Reiseattraktionen Norwegens. Ab dem Jahr 1893, als das erste Schiff den Postdienst zwischen Bergen und Kirkenes aufnahm, hat sich vieles verändert. Heute befahren elf Schiffe die 2500 Seemeilen (4630 Kilometer) lange Strecke rund um die Uhr und laufen dabei 17 Häfen an. Die Länge der Strecke entspricht der Entfernung von Hamburg bis nach Istanbul. Täglich läuft ein Schiff gegen 22.30 Uhr im Hafen von Bergen aus und stellt somit ein lebensnotwendiges Glied in der Versorgungskette für rund eine halbe Million Norweger dar, die entlang der Küste leben. Die Schiffe sind maßgeschneiderte Kombischiffe für Post, Fracht und Passagiere. Die Kabinen sind zweckmäßig eingerichtet und fast alle mit Dusche und WC ausgestattet. Bei den neueren und größeren Schiffen können zusätzlich bis zu 50 PKWs transportiert werden. Obwohl man dem Komfort eines Kreuzfahrtschiffes sehr nahe kommt, ist hier die Atmosphäre viel lockerer. Es wird auf Unterhaltungsprogramme und ausgefallenen Luxus verzichtet, stattdessen wird dem Reisenden das Erlebnis einer Seereise in ihrer ursprünglichen Form geboten.
Die ausgezeichnete Bordküche, die selbst Feinschmecker überrascht, sorgt für eine abwechslungsreiche Kost während der elftägigen Schiffsreise. In den größeren Häfen wie Ålesund, Trondheim, Bodø und Tromsø beträgt die Liegezeit der Schiffe oft mehrere Stunden, aber auch in kleineren Häfen ist Zeit für einen Landgang oder Einkaufsbummel.
Bei einer Schiffsreise im Sommerhalbjahr präsentiert sich die zerklüftete Fjordlandschaft in einem besonderen Licht. Dank der Mitternachtssonne, die die Tage sehr lang werden lässt, kann das tägliche «Seh-

Erlebnis» länger ausgekostet werden. Nördlich des Polarkreises verschwindet die Sonne nicht mehr vom Horizont, dann wird die Reise zu einem «Rund-um-die-Uhr-Erlebnis». Das Zeitgefühl geht verloren, wenn die Nacht zum hell leuchtenden Tag wird und alles in einer warmen Atmosphäre erstrahlt.

Der Golfstrom, die «Fernheizung» aus Übersee, hält die Häfen an der Westküste eisfrei und sorgt für ein angenehmes gemäßigtes Küstenklima, ähnlich demjenigen der deutschen Nordseeküste. Die Fahrtroute der Postschiffe verläuft größtenteils zwischen der Küste und den ihr vorgelagerten Inseln, dadurch ist man gegen den hohen Wellengang geschützt.

Mond macht Nacht zum Tage

Gerade im Winterhalbjahr, wenn die Straßen unpassierbar und die Flugpisten verschneit sind, bekommt die Versorgung der Küstenbevölkerung durch die Schiffe eine besondere Bedeutung. Die Eismeerstadt Tromsø wäre ohne diese Schiffe im Winter unbewohnbar. Eine Schiffsreise in dieser Jahreszeit wird von vielen Urlaubern wegen der faszinierenden Winterlandschaft und des einmaligen Lichtspiels des Polarlichtes gemacht, aber auch, weil die Schiffe nicht so voll belegt und letztlich die Reisen kostengünstiger sind. Im Winter werden die Tage immer kürzer, je weiter man nach Norden kommt. Die Sonne bleibt unterhalb des Horizonts, ihr Licht jedoch wird von Wolken und Schnee reflektiert und erzeugt dadurch ein mildes diffuses Leuchten, das eine eindrucksvolle Stimmung bewirkt. Der Mond scheint im Winter mit sehr großer Intensität, sodass er die Nacht fast zum Tage werden lässt. Um sich vom Nordlicht verzaubern zu lassen, ist die Zeit von Oktober bis März am besten. Das Nordlicht (Aurora Borealis) ist in klaren Winternächten in den unglaublichsten Formen wie Kreisen, Spiralen oder Flecken und in Farbkombinationen wie zum Beispiel graublau mit rosarot oder blattgrün mit gelborange am Himmel zu sehen.

Eine Reise mit der Hurtigrute ist jedoch zu jeder Jahreszeit ein besonderes Erlebnis. Einmalige Eindrücke mit bleibendem Charakter ergeben sich auch, wenn der Herbst das Laub an den Bäumen von einem kräftigen Rot bis

Gestell des Samen-Zeltes, Kata genannt

zum leuchtenden Gelb verfärbt oder das erwachende Grün der Vegetation den Frühling anzeigt. Das Panorama der norwegischen Fjordküste lässt sich von einem Schiff aus besonders genießen.

Das Nordkap – 2190 Kilometer nördlich von Oslo

Der nördlichste Punkt Europas – das Nordkap (71° 10' 21") – liegt auf der Insel Magerøya. Die nächstgelegene Kleinstadt ist Honningsvåg, eine Hafenstadt, die regelmäßig von den elf Schiffen der Hurtigruten angelaufen wird. Auf Grund der rauhen klimatischen Bedingungen ist die Straße zum Nordkap nur in der Zeit vom 1. Mai bis Mitte Oktober befahrbar.
Den Drang, einmal am Nordkap zu stehen, setzen viele tausende von Touristen im Jahr in die Tat um. Was macht aber diese 307 Meter hohe Klippe so anziehend, dass man sich die Strapazen einer Fahrt von Oslo zum Nordkap aufbürdet? Nur zum Vergleich: Die Strecke ist mit 2190 Kilometern fast genauso lang wie diejenige von Oslo nach Rom! Die Antworten sind sehr unterschiedlich. Für die einen gehört zum Norwegenbesuch auch das Nordkap, für die anderen ist es das Gefühl, am nördlichsten Punkt Europas zu stehen, und wieder andere kommen, um die einmalige Stimmung der Mitternachtssonne zu erleben.
Mit dem Wetter ist es aber so eine Sache, denn oft ist das Kap tagelang in dichten Nebel gehüllt, sodass man vom Parkplatz bis zu den Nordkaphallen beinahe einen Spürhund benötigt. Doch wenn die Sonne ein Loch in die Nebeldecke reißt, dann entstehen faszinierende Lichterscheinungen am Felsen und auf dem Meer. Besonders beeindruckend sind Wechsel von Licht und Schatten im leicht orangefarbenen Schein der Mitternachtssonne. Ein wolken- und nebelfreier Himmel über dem Nordkap ist zwar seltener, hinterlässt aber auch keinen solch bleibenden Eindruck wie wechselnde Lichtverhältnisse.

Kino, Kaffee, Imbiss am Nordkap

Das Nordkap-Erlebniszentrum gliedert sich in zwei baulich verschiedene Bereiche. Der Kompaktbau mit ebenerdigem Eingang beherbergt im oberen Teil das Telekommunikationszentrum; darunter das Kompasscafé, einen Souvenir-Shop, die Post und eine Imbissstube; dann folgt die Vorführhalle mit Supervideograph, der Thai-Pavillon und der Eingang zum Tunnel. Der unterirdische Teil, der teilweise in den Fels gesprengt wurde, besteht aus dem Tunnel mit der Nordkap-Kapelle und einer historischen Ausstellung aus verschiedenen Jahrhunderten sowie der Grotte mit der «Königlichen Nordkaphalle».

Im Supervideograph werden Filme auf Riesenleinwand in 225 Grad Projektion über die vier Jahreszeiten in der Finnmark gezeigt. Für Philatelisten ist das Postamt wegen des Nordkap-Sonderstempels ein besonderer Anziehungspunkt. Im Tunnel werden zu beiden Seiten alle Ereignisse mit den wichtigsten Kapiteln der Nordkapgeschichte aufgezeigt. Die Szenarios zeigen unter anderem den Engländer Richard Chancellor, der dem Felsen 1503 den Namen «The North Cape» gab, oder König Oskar II., wie er 1873 mit seinem Gefolge an Land ging.

Die Grotte oder Nordkaphalle ist wie ein Amphitheater angelegt und bietet annähernd 300 Personen Platz. Das große Panoramafenster eröffnet bei schönem Wetter eine phantastische Aussicht auf das gut 300 Meter darunter liegende Meer.

Das am häufigsten fotografierte Motiv am Nordkap ist ein altes Seezeichen in Form eines Globus, das auf dem Nordkap-Plateau direkt am Klippenrand steht.

Das Denkmal «Kinder der Erde» *(Barn av Jorden)* wurde von sieben Kindern aus verschiedenen Teilen der Welt gestaltet. Jedes der sieben bis zwölf Jahre alten Kinder schuf im Laufe einer Woche seine eigene Reliefarbeit. Seit 1988 bilden die sieben scheibenförmigen Reliefs ein Monument, das Hoffnung, Freude, Gemeinschaft und Freundschaft ausdrücken soll.

Im Nordkapmuseum in Honningsvåg zeigt eine kulturhistorische Sammlung die geschichtliche Entwicklung der nordnorwegischen Küstenkultur und der Fischerei.

Same im 18. Jh.

Städteprofile

ÅLESUND

Lage: Südliches Mittelnorwegen

Bezirk: Møre og Romsdal

Einwohner: 35 000

Geschichte/Besonderheit: Bereits im 13. Jahrhundert Kaufmannssiedlung, nach dem Großbrand 1904 Wiederaufbau im Jugendstil. Fischereizentrum, Fischveredelung.

Sehenswürdigkeiten: Jugendstil-Architektur, Mittelalter-Museum, Ålesund- und Borgund-Kirche, Aussicht vom Hausberg Aksla, Brosund-Kanal, Aquarium, Sunnmøre-Museum.

BERGEN

Lage: Westliches Südnorwegen

Bezirk: Hordaland

Einwohner: 220 000

Geschichte/Besonderheit: Zweitgrößte Stadt Norwegens, die «Hauptstadt» von Fjordnorwegen, seit 1070 Stadtrecht, Universitätsstadt, seit dem 12. Jahrhundert Krönungsstadt Norwegens, bis 1880 größte Stadt und wichtigster Hafen Norwegens.

Sehenswürdigkeiten: Fischmarkt, Tyskebryggen (Hansehäuser im Hafen), Zahnradbahn zum Hausberg Fløyen, Håkonshalle und Rosenkrantzturm, Freilichtmuseum Gamle Bergen, Troldhaugen (Edvard Griegs Haus), Aquarium, Marienkirche, Seilbahn zum Aussichtsberg Ulrik.

BODØ

Lage: Nordnorwegen

Bezirk: Nordland

Einwohner: 35000

Geschichte/Besonderheit: Gegründet 1806 und 1816 bereits zur Stadt ernannt, Zentrum für Kultur und Wissenschaft.

Sehenswürdigkeiten: Domkirche (freistehender Glockenturm), Luftfahrtmuseum, Nordlandmuseum, Einkaufsstraße «Glasshuset», Hafen-Promenade, Felsmalereien, Nordland-Musikfestwoche, Bodin-Kirche (12. Jahrhundert).

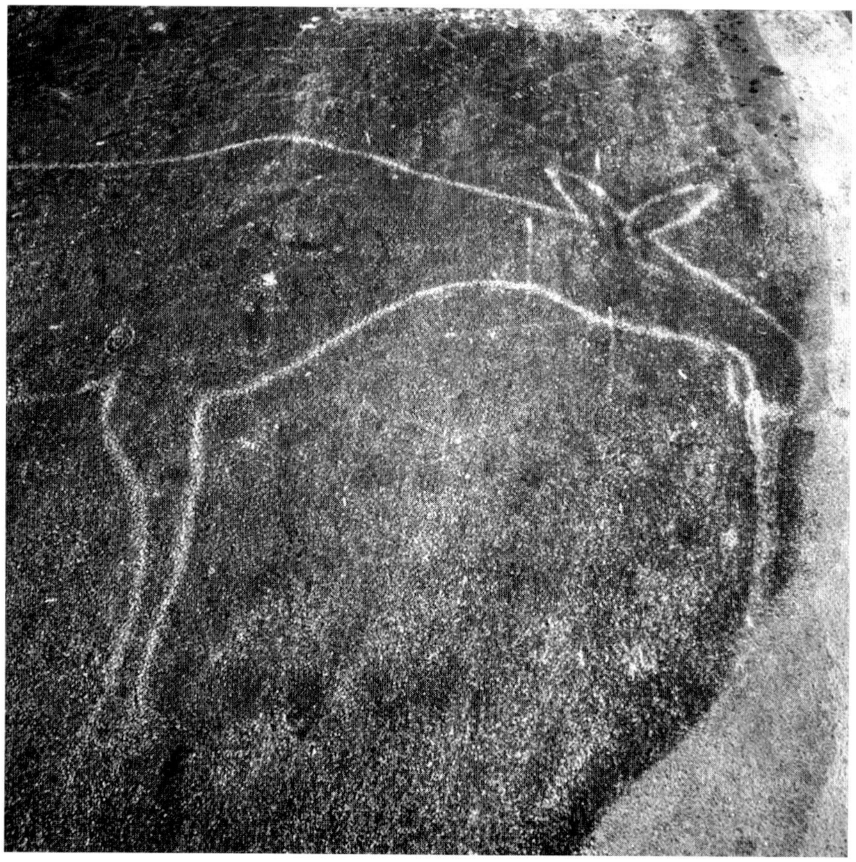

Prähistorische Felszeichnung bei Bodø: junger Elch

DRAMMEN

Lage: Südostnorwegen

Bezirk: Buskerud

Einwohner: 53 000

Geschichte/Besonderheit: Bezirkshauptstadt von Buskerud, Holz- und Papierindustrie.

Sehenswürdigkeiten: Drammens Aussichtshügel Bragernesåsen (Zufahrt über eine in den Berg gehauene «Spirale»), Buskerud-Heimatmuseum, Stomsø Kirke (1667 erbaut, 1840 im Empirestil umgebaut), Rathaus von 1871.

FREDRIKSTAD

Lage: Südostnorwegen

Bezirk: Ostfold

Norwegisches Kunsthandwerk: geschnitzter Buttertopf

Einwohner: 35 000

Geschichte/Besonderheit: Alte Siedlungen bereits in der Wikingerzeit, Fundort des *Tuneschiffes* aus dem Jahr 900, Bezirkshauptstadt von Ostfold.

Sehenswürdigkeiten: Festungsanlage Gamlebyen, Altstadt Gamlebyen (Holzhäuser).

HAMMERFEST (das Tor zur Barentssee)

Lage: Nordnorwegen

Bezirk: Finnmark

Einwohner: 7500

Geschichte/Besonderheit: Nördlichste Stadt der Welt (70° 39' 48"), erhielt am 17. Juli 1789 die Stadtrechte, erste Stadt in Europa mit elektrischer Straßenbeleuchtung (ca. 1890/91).

Sehenswürdigkeiten: Hammerfestkirche mit Glasgemäldefenster, Meridian-Säule (errichtet bei der Erdvermessung), Aussichtsberg Sålen mit Steinpyramide, das Eisbärenmuseum und der Eisbärenclub, Markt und Musikpavillon, Verteidigungsanlage von 1810 (Napoleonkrieg).

KIRKENES

Lage: Nordostnorwegen

Bezirk: Finnmark

Einwohner: 10 000

Geschichte/Besonderheit: Stadt an der norwegisch/russischen Grenze, Ausgangspunkt vieler Expeditionen ins Eismeer, östlichste Stadt Norwegens (auf gleichem Längengrad wie Kairo), Endpunkt der Hurtigrute.

Sehenswürdigkeiten: Naturschutzgebiet Øvre Pasvik, Erzgrube, Grenzstation Storskog, Sør-Varanger-Museum.

KRISTIANSAND

Lage: Südnorwegen

Bezirk: Vest-Agder (Sørlandet)

Einwohner: 68 000

Geschichte/Besonderheit: 1641 von König Christian IV. gegründet, wird als «Tor zu Norwegen» bezeichnet, südlichster Überseehafen.

Sehenswürdigkeiten: Dom, Vest-Agder-Freilichtmuseum, Festung Christiansholm, Automobilmuseum Monte Carlo, Abenteuerpark mit Märchendorf «Kardemomme By», Altstadtviertel Kvadraturen, Schären-Archipel Hellesund.

LILLEHAMMER

Lage: Mittleres Südnorwegen

Bezirk: Oppland

Einwohner: 23 000

Geschichte/Besonderheit: Erhielt 1827 die Marktrechte, Olympiastadt 1994.

Sehenswürdigkeiten: Freilichtmuseum Maihaugen (mit Stabkirche), Norwegisches Fahrzeugmuseum, Hunderfossen-Familienpark, Gemäldesammlung, Glasbläserei, Raddampfer auf dem Mjøsasee, Olympiaanlage mit Sprungschanzen, Storgaten (Hauptstraße mit preisgekrönten Holzhäusern), Kulturzentrum, Hafen (Fährverkehr mit Großbritannien).

NARVIK

Lage: Nordnorwegen

Bezirk: Nordland

Einwohner: 20 000

geschnitzte Einschenkkanne

Textfortsetzung Seite 193

Dieser Wegweiser vor Narvik zeigt, dass wir zwar fast 1500 km von Oslo entfernt, jedoch noch lange nicht im höchsten Norden von Festland-Norwegen angelangt sind

Seite 178:
Narvik liegt am bergummauerten Ofotfjord und ist Norwegens zweitgrößter Umschlaghafen mit riesigen Erzverladeanlagen. Die 50 m hohe Fontäne beim Wasserkraftwerk Narvik ist keine Touristenattraktion, sondern entsteht beim Entlüften des Leitungssystems

Seite 179:
Das Gammelbua in Reine/Lofoten ist ein unscheinbares, mehr als 200 Jahre altes Gebäude, heute als urtümliches Restaurant eingerichtet: der abendliche Treffpunkt mit Kaminfeuer für Einheimische und Urlauber. Vogelbrutplätze und Gestelle für Trockenfisch sind auf den Lofoten allgegenwärtig, vorzugsweise an besonders luftigen Plätzen. Von den Lofoten werden große Mengen Stockfisch nach Norditalien exportiert

nächste Doppelseite: *Im Fischerort Reine auf den Lofoten treibt man seit 1743 Handel, und der wichtigste Wirtschaftszweig ist immer noch der Fischfang. Für den Besucher wird heute viel getan: so zählen Übernachtungen in den alten Fischerhütten zu den romantischen Erlebnissen eines Lofoten-Urlaubs*

Seiten 182/183: *Diese sonntägliche Idylle am Hafen von Henningsvaer auf den Lofoten zeigt nicht, welch geschäftiges Treiben hier an den Werktagen in der Hoch-Zeit der Lofoten-Fischerei (Januar bis April) herrscht*

darauf folgende Doppelseite: *Der kleine, nur aus 28 Häusern bestehende Lofoten-Fischerort Nusfjord steht mit seinen ca. 200 Jahre alten Fischerhäusern auf der UNESCO-Liste für besonders erhaltenswerte Gebäudegruppen in der Welt*

Legenden Seiten 186–189 s. S. 190

RESEPSJON KAFE

Myra
F-77-H

Doppelseite 186/187: *«Paris des Nordens» wird die weltnördlichste Universitätsstadt Tromsø genannt. Der Ausblick vom Fjellheisen führt Ihnen die einmalige Lage der Stadt vor, die auf drei Inseln verteilt und mit ihren gut 50 000 Einwohnern nur dank der Golfstromwärme lebensfähig ist*

vorhergehende Doppelseite: *Hammerfest, die nördlichste Stadt der Welt, erhielt 1890 als erste Stadt Europas elektrische Straßenbeleuchtung. Vom Hausberg Salen haben Sie eine herrliche Aussicht auf die 7500 Einwohner zählende Stadt. Kunsthandwerk der Samen, beispielsweise aus Rentierfellen, Rentierhörnern oder Holz gefertigt, können Sie neben anderen Souvenirs am Markt in Hammerfest kaufen. Und wie in allen norwegischen Häfen gibt es auch in Hammerfest fangfrische Meeresfrüchte ab 7 Uhr direkt vom Fischkutter*

Bilder links und rechts: *Im ständigen Wechselspiel von Nebel, Sonne und Reflexionen präsentiert sich das Eismeer am Nordkap. Besonders reizvoll sind hier die Lichtspiele um 24 Uhr zu Zeiten der Mitternachtssonne. Und auf dem beeindruckenden Plateau des Nordkaps zu stehen, gilt als Erlebnis besonderer Art bei den Norwegenfahrern. Der Felsen, der sich überwiegend in Nebel hüllt, kommt erst bei klarer Sicht und Mitternachtssonne so richtig zur Geltung*

Samin in Hammerfest. Eine kurze Ruhepause vom anstrengenden Marktbetrieb gönnt sich hier eine Marktfrau in der traditionellen Tracht der Samen, früher Lappen genannt. Wenn sie erwacht, sagt sie Ihnen: Auf Wiedersehen in Hammerfest!

Geschichte/Besonderheit: Terrassenförmig, auf vom Ofotfjord umschlossener Halbinsel angelegt, war wegen des Eisenerzes 1940 stark umkämpft, der Golfstrom sorgt für einen eisfreien Hafen.

Sehenswürdigkeiten: Eisenerzverladeanlagen im Hafen, Fagernesfjell-Seilbahn, Bauarbeiterfest «Rallarne», Parkanlage mit Statuen im Stadtzentrum, Felszeichnung im Stadtteil Vassvik, Ofotenmuseum (Kulturhistorik ab 16. Jahrhundert), Ofotbahn nach Kiruna.

OSLO

Lage: Südostnorwegen

Bezirk: Oslo

Einwohner: 480 000

Geschichte/Besonderheit: Hauptstadt und Regierungssitz.

Sehenswürdigkeiten: Von den zirka 50 Museen in Oslo hier eine Auswahl: Norwegisches Volksmuseum (Freilichtmuseum mit alten Gebäuden), Wikingerschiff-Museum, Fram-Museum, Kon-Tiki-Museum, Norwegisches Seefahrtsmuseum, Theatermuseum, Vigeland-Museum, Museum für Kinderkunst, Munch-Museum (mit Nachlass des Malers), Skimuseum im Holmenkollengebiet.
Frognerpark mit Vigelands Monolithenpark, Schloss Akershus mit Festung, Königliches Schloss mit Park, Nationalgalerie, Aker Brygge (modernes Einkaufs- und Kulturzentrum), Basarhallen, Dom (1697), Rathaus (Oslos Wahrzeichen und Ort der Verleihung des Friedens-Nobelpreises).

SKIEN

Lage: Südostnorwegen

Bezirk: Telemark

Einwohner: 50 000

Geschichte/Besonderheit: Bezirkshauptstadt der Telemark, Industriestadt, Holzverarbeitung, wirtschaftlicher Aufschwung durch den Telemarkkanal.

Sehenswürdigkeiten: Bezirksmuseum von Telemark, Brekkepark, Geburtshaus von Henrik Ibsen (1828–1906), alte Holzhäuser.

STAVANGER

Lage: Südwestnorwegen

Bezirk: Rogaland

Einwohner: 103 000

Geschichte/Besonderheit: Industriestadt, Fischverarbeitung und Fischveredelung, Erdgas- und Erdölaufbereitung und Verschiffung.

Sehenswürdigkeiten: Dom, Archäologisches Museum, Jernaldergarden (Siedlung aus der Eisenzeit), Konservenmuseum, Domkirche aus dem 12./13. Jahrhundert.

TROMSØ (Paris des Nordens)

Lage: Nordwestnorwegen

Bezirk: Troms

Einwohner: 55 000

Geschichte/Besonderheit: Tromsø erhielt 1794 die Stadtrechte, nördlichste Universitätsstadt, Ausgangspunkt vieler Expeditionen ins Eismeer.

Sehenswürdigkeiten: Tromsø-Museum (Universitätsmuseum), Polarmuseum, Heimatmuseum, Kunstmuseum, Aquarium, Eismeerkathedrale, Hölzerne Domkirche (1861), Fjellheisen-Seilbahn auf den Storsteinen (420 Meter), alte Holzhäuser, Mitternachtssonne vom 21. Mai bis 23. Juli, Polarnacht vom 26. November bis 18. Januar.

TRONDHEIM (historische Hauptstadt)
heißt auf Deutsch Drontheim

Lage: Südliches Mittelnorwegen

Bezirk: Trøndelag

Einwohner: 143 000

Geschichte/Besonderheit: Von Wikingerkönig Olaf Tryggvesson 997 gegründet, als damals wichtigste königliche Residenz erste Hauptstadt Norwegens bis ins Mittelalter, Erzbischofssitz, Universitätsstadt.

Sehenswürdigkeiten: Nidaros-Dom (12. Jahrhundert), Trøndelag-Volksmuseum, Stiftsgården (Palais und Residenz des Königs), Speicherhäuser am Nidelv-Fluss, Festung Kristiansten (1676–1682), alte Stadtbrücke (1861), das Zuckerhaus (1752), Ravnkloa (Fischhalle), Botanischer Garten, Mönchsinsel Munkholmen.

Reisehinweise

Für Norwegenreisende gibt es teilweise strenge Einreisebestimmungen, deren Zuwiderhandlung sofort geahndet wird.

Zoll:
Strenge Vorschriften für alkoholische Getränke und Tabakwaren.

Die Einfuhr ist verboten für:
Frischfleisch, Eier, Kartoffeln und Pflanzen, Rauschgifte, Medikamente und Giftstoffe, Waffen und Munition (ausgenommen zu Jagdzwecken) und Sprengstoffe, Ausrüstung für Krebsfang und Angelnetze sowie alle Tiere (auch Hunde und Katzen).

Autofahren:
Auch tagsüber muss das Abblendlicht eingeschaltet sein (Bußgeld 400 NOK), Anschnallpflicht auf allen Plätzen, für Motorradfahrer besteht Helmpflicht, die Strafgrenze für Alkohol liegt bei 0,5 Promille, hohe Geldbußen bei Überschreiten folgender Geschwindigkeiten: geschlossene Ortschaften 50 km/h, außerhalb geschlossener Ortschaften 80 km/h, Schnellstraßen 90 km/h, Anhängergespanne max. 80 km/h.

Sehenswürdigkeiten:
Die «Olafsrose» ist das nationale Kennzeichen für Sehenswürdigkeiten und Kulturschätze.

Tax-free:
Beim Kauf im Wert ab 300 NOK wird ein Tax-free-Scheck ausgestellt, und bei der Ausreise (am Grenzübergang, Fähre oder Flughafen) wird die Mehrwertsteuer (ca. 17%) zurückerstattet.

Anschriften:
a) Norwegisches Fremdenverkehrsamt
Mundsburger Damm 27 oder Postfach 76 08 20
22058 Hamburg, Tel. 040/22 71 08 10, Fax 040/22 71 08 15
b) Norwegische Schifffahrts-Agentur NSA (Hurtigruten)
Kleine Johannisstraße 10 oder Postfach 11 08 33
20408 Hamburg, Tel. 040/3 76 93-0, Fax 040/36 41 77

NORWEGEN
Europäisches
Nordmeer
Barentssee
Nordpolarmeer
Kvitøya
Nordaustlandet
Hinlopenstretet
Erik Eriksenstretet
Ny-Ålesund
1707
Newtontoppen
1225
Tre kroner
Pyramiden
Prins Karls Forland
Isfjorden
Longyearbyen
Barentsburg
Olga-stretet
Barentsøya
Kong Karls Land
Edgeøya
Bellsund
Storfjorden
Barentssee
Spitzbergen
SVALBARD
Europäisches Nordmeer
0
100 km
Nordkap
Nordkinn
Honningsvåg
Berlevåg
Sørøya
Hammerfest
Porsangen
724
Vardø
Vadsø
Varangerfjorden
Kvænangen
Tana bru
Lakselv
Alta
FINNMARK
Tana
1067
Kirkenes
Ringvassøy
Kvaløy
Tromsø
Karasjok
Senja
Andenes
Finnsnes
Haltiatunturi
1324
Altaelva
Kautokeino
TROMS
Vesterålen
Andfjorden
Harstad
Njunes
1713
RUSSLAND
Lofoten
Svolvær
Narvik
1901
Storsteinfjellet
Vestfjorden
Kjøpsvik
Reine
FINNLAND
Bodø
Fauske
Sulitjelma
1913
NORDLAND
1599
Svartisen
Nördlicher Polarkreis
Mo i Rana
Helgeland
Sandnes-sjøen
Okstindan
1915
Mosjøen
Røss-vatn
Brønnøy-sund
1703
Børgefjellet
NORD-TRØNDELAG
Namsos
Grong
1390
Steinkjer
Levanger
Kristiansund
Trondheim
Stjørdals-halsen
MØRE OG ROMSDAL
Molde
SØR-TRØNDELAG
Ålesund
Oppdal
Røros
Volda
Trollstigen
Geiranger
Wikingergräber
SOGN OG FJORDANE
OPPLAND
Florø
Dalsnibba
Vågåmo
Jostedalsbreen
Stabkirche Lom
HEDMARK
Førde
Stabkirche Urnes
Sognefjord
Lågen
Gudbrandsdalen
Glåma
Stabkirche Borgund
HORDALAND
Fagernes
Elverum
Voss
Flåm-Bahn
Lille-hammer
Bergen
Hardangerfjord
Geilo
Gol
Hamar
Vøringfossen
Mjøsa
Begna
Odda
BUSKERUD
Leirvik
Låtefoss
Hønefoss
OSLO
Haugesund
TELEMARK
Kongs-berg
AKERHUS
Stabkirche Heddal
ROGALAND
Notodden
Drammen
Boknafjorden
Prekestolen
VESTFOLD
Moss
Stavanger
Setesdal
Tønsberg
ØSTFOLD
Skien
Porsgrunn
Fredrikstad
VEST-AGDER
Otra
AUST-AGDER
Larvik
Egersund
Risør
Lyngdal
Arendal
Grimstad
Farsund
Lillesand
Kristiansand
Skagerrak
Nordsee
SCHWEDEN
Bottnischer Meerbusen
STOCKHOLM
Vänern
Vättern
Ostsee
0
100
200 km
Spitzbergen
Bäreninsel
Jan Mayen
0
500 km
NORWEGEN
© KARTOGRAPHIE Peh/Schefcik

Die schönsten Seiten der Welt
in jedem terra magica Groß-Farbbildband

Max Schmid / Udo Sautter
KANADA
208 Seiten mit 100 Farbfotos auf 118 Farbbildseiten. 34 historische SW-Abb. Linson.
Großformat
ISBN 3-7243-0298-3

Max Schmid / Rainer Höh
NEUENGLAND (USA)
200 Seiten mit 164 Farbf. auf 110 Farbbilds., 12 SW-Abb., Karte, Linson.
Großformat
ISBN 3-7243-0316-5

Max Schmid / Heike + Bernd Wagner
AMERIKAS NATURPARADIESE
Die Nationalparks der USA
200 Seiten mit 118 Farbfotos auf 110 Farbbilds., 44 SW-Abb., Karte, Linson.
Großformat
ISBN 3-7243-0325-4

Max Schmid / Ulrich Sacker
KALIFORNIEN
200 Seiten mit 173 Farbfotos auf 110 Farbbildseiten, 10 SW-Abb. Linson.
Großformat
ISBN 3-7243-0304-1

Kenneth McKenney / div. Fotografen
MEXIKO
288 Seiten mit 283 Farbfotos auf 208 Farbbilds. 17 SW-Abb., Karte. Linson.
Großformat
ISBN 3-7243-0301-7

Max Schmid / Rainer Höh
ROCKY MOUNTAINS
200 Seiten mit über 170 Farbfotos auf 110 Farbbildseiten, 19 SW-Abb., Karte, Linson.
Großformat
ISBN 3-7243-0322-X

Brigitte + Emanuel Gronau / Peter Höh
Die sieben KANARISCHEN INSELN
120 Seiten mit 110 Farbfotos auf 62 Farbbildseiten, Karte, Linson.
Großformat
ISBN 3-7243-0320-3

Christian Prager / Peter Höh
KARIBIK
Große und Kleine Antillen
168 Seiten mit 153 Farbf. auf 86 Farbbilds., 20 SW-Abb., Karte. Linson.
Großformat
ISBN 3-7243-0310-6

Rudolf Braunburg
Die TRANSSIBIRISCHE EISENBAHN
Moskau–Wladiwostok
200 Seiten mit 163 Farbfotos auf 110 Farbbilds., 37 SW-Abb., Karte, Linson.
Großformat
ISBN 3-7243-0319-X

Max Schmid / Bedrich Rohan
ENGLAND WALES
192 Seiten mit 145 Farbfotos auf 102 Farbbildseiten. 17 SW-Abb. Linson.
Großformat
ISBN 3-7243-0307-6

Christian Prager / Hans-Peter Stoffel
NEUSEELAND
Schönster Süden der Welt
200 Seiten mit 162 Farbfotos auf 110 Farbbilds., 37 SW-Abb., Karte, Linson.
Großformat
ISBN 3-7243-0328-9

Traumkreuzfahrt in den HOHEN NORDEN Orkneys–Island–Spitzbergen–Nordkap–Norwegen
200 Seiten mit 155 Farbfotos auf 110 Farbbildseiten, 20 SW-Abb., Karte, Linson.
Großformat
ISBN 3-7243-0318-1

Die terra magica Weltreise geht weiter. In Ihrer Buchhandlung!

terra magica Weltreisen: für Leute, die hinfahren, und für interessierte Daheimbleibende

A. Rabinovich, div. Fotografen
ISRAEL Land der Verheißung
280 Seiten mit 202 Farbfotos auf 190 Farbbildseiten, 47 SW-Abb. Karte. Linson.
Großformat
ISBN 3-7243-0308-4

Matthias Witzel / Hua Pan-Witzel
PEKING
160 Seiten mit 152 Farbf. auf 86 Farbbilds., 35 SW-Abb., Karten, Linson.
Großformat
ISBN 3-7243-0315-7

Max Schmid / Bedrich Rohan
SCHOTTLAND
200 Seiten mit 172 Farbfotos auf 110 Farbbilds. 30 SW-Abb. Linson.
Großformat
ISBN 3-7243-0305-X

G. A. Rossi / G. Caselli
ÄGYPTEN
280 Seiten mit 190 Farbfotos auf 200 Farbbildseiten und 25 SW-Abb. im Text. Linson.
Großformat
ISBN 3-7243-0292-4

Dennis Gunton
SPANIEN
280 Seiten mit 213 Farbfotos auf 194 Farbbildseiten, 26 SW-Abb., Linson.
Großformat
ISBN 3-7243-0328-8

Annaliese Wulf / Gerard Saitner
VIETNAM
200 Seiten mit 200 Farbfotos auf 110 Farbbildseiten. 15 SW-Abb. Karte. Linson.
Großformat
ISBN 3-7243-0314-9

Einheimische Autoren
CHINA Reich der Mitte – Wiege der Weisheit
288 Seiten mit 192 Farbfotos auf 208 Farbbildseiten. 32 SW-Abb.
Großformat
ISBN 3-7243-0306-8

Kenneth McKenney
AUSTRALIEN
288 Seiten mit 240 Farbfotos auf 200 Farbbildseiten. 23 SW-Abb. Linson.
Großformat
ISBN 3-7243-0299-1

Heidi Munan / C. Prager
MALAYSIA und SINGAPUR
200 Seiten mit 197 Farbfotos auf 110 Farbbildseiten. Karte. Linson.
Großformat
ISBN 3-7243-0313-0

Rosanna Kelly / div. Fotografen
RUSSLAND
288 Seiten mit 212 Farbfotos auf 208 Farbbildseiten. 14 SW-Abb.
Großformat
ISBN 3-7243-0300-9

Johannes Kautzky / Pavlos Tzermias
GRIECHENLAND Festland
200 Seiten mit 133 Farbfotos auf 110 Farbbildseiten. 58 SW-Abb. Linson.
Großformat
ISBN 3-7243-0291-6

HIMALAYA
Tibet Bhutan Ladakh Nepal
Sikkim Nordindien Kaschmir
288 Seiten mit 230 Farbf. auf 208 Farbbilds., 11 SW-Abb., Karten, Linson.
Großformat
ISBN 3-7243-0317-3

terra magica Das grenzenlose Programm.

Auf Wiedersehen in Norwegen